集｜美｜历｜史｜文｜化｜丛｜书

厦门市集美区社会科学界联合会 组编

集美大学学科建设经费资助出版

集美侨乡文化

戴嘉树 张 瑗 主编
汪叶俊 副主编

JIMEI
QIAOXIANG
WENHUA

北京师范大学出版集团
BEIJING NORMAL UNIVERSITY PUBLISHING GROUP
北京师范大学出版社

图书在版编目(CIP)数据

集美侨乡文化/戴嘉树，张瑷主编. —北京：北京师范大学出版社，2024.12
(集美历史文化丛书)
ISBN 978-7-303-26344-8

Ⅰ. ①集… Ⅱ. ①戴… ②张… Ⅲ. ①侨乡－文化－厦门 Ⅳ. ①D634.1

中国版本图书馆 CIP 数据核字(2020)第 182417 号

图书意见反馈：gaozhifk@bnupg.com 010-58805079
营销中心电话：010-58802181 010-58805532

出版发行：北京师范大学出版社 www.bnupg.com
北京市西城区新街口外大街 12-3 号
邮政编码：100088
印 刷：北京虎彩文化传播有限公司
经 销：全国新华书店
开 本：730 mm×980 mm 1/16
印 张：8.75
字 数：135 千字
版 次：2024 年 12 月第 1 版
印 次：2024 年 12 月第 1 次印刷
定 价：45.00 元

策划编辑：李红芳 责任编辑：李红芳
美术编辑：焦 丽 装帧设计：焦 丽
责任校对：陈 民 责任印制：马 洁

内容提要

作为闻名海内外的侨乡，福建集美在漫长的历史长河中融汇了古老的传统文化、独特的闽南文化、多元的海外文化，形成了具有深厚人文底蕴的侨乡文化。以陈嘉庚、陈敬贤、孙炳炎等优秀人物为代表的著名爱国侨领为集美的历史变革、社会进步、经济发展、文化繁荣倾注了毕生心血，留下了丰厚的精神遗产，产生了深远的历史影响。集美华侨在海外谋生的艰辛历程，不平凡的创业成就，根深蒂固的祖根观念，桑梓情缘与可歌可泣的爱国行为，对“教育兴邦”大计的坚守和践行与其执着的人生信仰共同构成了侨乡文化的灵魂与血脉，也成为启迪和激发当代侨乡文化品牌建构的强大驱动力。

前 言

集美，是闻名天下的侨乡，地处闽海之滨，原是一个主要由陈姓氏族组成，与厦门岛相邻的小渔村，在经历漫长的历史沿革后仍保存着完整的宗族社群。近代以来，大量村民去海外谋生，涌现出陈嘉庚、陈敬贤、孙炳炎、陈文确、陈六使、黄仲涵等一批爱国侨领，他们与侨乡人民共同造就了集美独树一帜的侨乡文化。

据史料记载，自元末明初开始，便有集美人跨海谋生，移居海外。天然的亲缘关系使海外华人凝聚成一体，互相扶持。中国人向来重视血缘与宗族关系，集美人到达异地、异国，常会产生孤独感与无助感，在这种情感状态中，华侨之间建立起紧密的联系，组建社团，共同发展。通过这些联系，海外侨胞的向心力得以汇聚，并在社会、经济、政治、文化生活中携手与共。

以血缘为纽带、地缘关系为基础的海外华侨，对故乡亲人总有着千丝万缕的牵挂。正如，陈嘉庚先生在海外艰辛创业的时候，就已经心怀远大理想，立志改变家乡贫穷落后的旧貌。陈嘉庚先生为家乡的教育事业倾尽所能，出资创办幼儿园、小学、中学和师范学校。随着企业的发展，他不断加大对教育的投入，又在集美开办水产航海学校、商业学校、农林学校等学校，同时也创立科学馆、图书馆和医院等公共设施，使集美成为一个系统完整、功能完备的学村。

推动集美侨乡文化开创新格局，扩大影响力，不仅要传承好侨乡文化的优良传统，还要在新形势下勇于探索、与时俱进。近年来，集美区政府强调，以“一精神三文化”(“嘉庚精神”、华侨文化、闽南文化、学村文化）为核心推动集美文化强区的建设，弘扬中华优秀传统文化，发展侨乡传统文化，建设人文集美。

愿集美侨乡文化代代相传，在社会主义先进文化的建设与发展中展现出灿烂夺目的新面貌。

目 录

第一章
集美华侨移民简史

汉唐时期，福建已成为我国最早对外通商的口岸之一，各国商旅往来频繁，许多外国人在此定居。集美人称出洋为“过番”，称出洋谋生者为“番客”。

福建省是我国著名的侨乡，集美区又是福建省的重点侨乡之一。华侨是中华民族优秀儿女的组成部分。他们带着优秀的中华文化漂洋过海，来往于世界各地，靠着勇敢、勤劳、节俭、朴实的优良品质在海外谋求生计，与侨居地的人民友好相处，共建家园，为侨居地的经济文化发展做出了不可磨灭的贡献。

集美区原是与厦门相邻的一个小渔村，由陈姓氏族组成，村落至今仍保留完整的宗族社群。由于出海便利，近代以来，大量集美村民出海谋生，远航经商者为数众多。华人华侨聚居的地方必然有华侨社会，有社会必然有文化。中西方文化在华侨聚集的地方以及他们的原乡产生碰撞和融合，经过漫长的历史沿革而积淀为独特的侨乡文化。

华侨虽然身居海外，但心中却饱含着爱国爱乡之情。他们关心祖国和家乡的建设，渴望家乡繁荣。在我国近现代历史上，他们为了帮助祖国的建设事业，不断向国内输送物资，更有许多人以身报国。他们为了建设家乡，捐资兴办教育、文化、卫生事业，投资发展国内实业。对于祖国和家乡的发展，华侨发挥着重要的作用。

陈嘉庚先生在家乡创办了一系列学校，使集美成为享誉海内外的学村，集美也因此拥有了别具一格的侨乡文化特色。在侨乡发展的过程中，集美华侨热心教育与公益事业，对家乡建设倾囊相助，推动了侨乡社会的现代化进程。

第一节　集美华侨在国外的地域分布

第二次世界大战之前，华侨人口的增长主要是因为移民人数的增加。在地理位置条件的影响下，中国大部分移民的首选地区是东南亚。

从东南亚的相关资料来看，中国移民出国的高峰期是20世纪初。华侨几乎遍布东南亚的各个地区，一般情况下，现代华侨多数定居在经济比较发达的城市和地区。一些人烟稀少的岛屿也有华侨的身影，他们以割橡胶、做椰油或者出海捕鱼为生。泰国和印度尼西亚的华侨人数较多，新加坡、马来西亚的华侨人数占居民总人数的比重要高于其他国家。

集美紧邻厦门岛，古时候人们利用季风扬帆南下，前往东南亚需两个月左右。在轮船发明以后，厦门到东南亚的航程缩短到七八天，这给出行带来了极大的便利。

生存是一个应当置于文化之前讨论的问题，人们只有满足了基本的生存需求，才有可能开始创建文化。华侨的职业分布也往往带有地域性的特点，每个华侨聚居地都带有一些选择职业的规律。集美华侨的职业分布状况，尚无详细具体的数据可查，但有部分福建籍华侨的资料，可供研究者参考。

集美人下南洋主要以血缘、亲缘关系为基础，通过已出洋的乡里、族亲、家属间的帮衬，在海外谋求生路。先抵达移居地的移民安定下来之后，便会设法将亲族接到此地一起生活。此外出洋者也经常在回乡访亲之后，带上从未出洋而想要出洋的亲友一起出行，并协助他们在移居地找到工作和住所。借助这种相互帮衬的方式，集美人开始大量移民海外，通过亲友找到工作，在移居地站稳脚跟。这种以血缘、亲缘关系建立起来的纽带帮助集美人迅速地融入庞大的海外华侨社会。

华侨的商业成就举世闻名，在菲律宾就有“无中国人之通商贸易便无菲律宾存在”的说法。东南亚许多地区的繁荣，华侨当居首功。华侨做生意讲求薄利多销，成功的秘诀在于吃苦耐劳，他们为了获取利润，从事高强度的工作，在事业稍有起色后，也不贪图享乐，而是勤俭节约，继续奋斗。不管事业做得多大，他们都会抱团取暖，信任彼此。

华侨建立的企业以经营橡胶、烟草、米、麻、砂糖、葡萄酒、椰子、木材等为主。东南亚的华侨，一方面保持着中国人传统的习俗和生活方式，另一方面又不断适应和习惯当地的风俗。近代以来，出现了一大批集美籍华侨商人，著名的有陈嘉庚、陈敬贤、陈文确、陈六使、孙炳炎、孙抛狮、陈永和、陈永进等人。他们在海外将自己的事业经营得有声有色，在祖国需要的时候施以援手，为祖国的发展和建设做出巨大的贡献。

第二节　华侨社会与侨乡社会

社会是人与人关系的总和。人们在日常交往中，会与他人建立起各种各样的社会关系。除以血缘为纽带的父母子女的关系之外，还有一些通过各种渠道人为构建起来的关系，如朋友、同学和姻亲关系。总之，各种各样的关系交错在一起，形成了一个巨大的关系网络。华侨社会与侨乡社会也遵循着这样的模式。

一、华侨社会

华侨一般以相同的出生地或共同的方言、姓氏为纽带，自发建立同乡会馆和宗亲会馆，创立同业公会和商会，这些是华侨社会中最常见的社团组织（地缘性社团）。社团组织基本都是以祖籍所在的省、府、县等行政区域为单位而组建的。在海外，同乡会一般由先抵达移居地的华侨负责组建。

除同乡会外，华侨社团还有宗亲会、同业公会。宗亲会是血缘性社团，它由同姓氏、拥有共同祖先的移民组成。中国人对血缘关系向来十分看重，即使移居海外也不会发生改变。同业公会也被称为业缘性社团，主要由从事同一职业的中国移民组成。在华侨从事的行业中，大多都有这样的公会。业缘性社团的形态相较于血缘性社团和地缘社团要更为丰富，一些从事文化、教育、科学方面工作的华侨所组织的社团也属于业缘性社团。海外华侨通过参加这类社团活动，可以在侨居地的华侨同行中建立社会关系网。

此外，还有一些范围更大，超越地缘、血缘、业缘关系的社团，是面向侨居地的综合性社团，如新加坡怡和轩俱乐部。这是由集美籍华侨参与或组建的社团，影响力较大，陈嘉庚先生曾任此社团总理。陈嘉庚先生是一位慈善家、社会活动家。常有人说，只要他们找到陈嘉庚，其基本都会给他们安排工作。就算没有找到陈嘉庚，只要找到在陈嘉庚工厂工作的亲友，也能够有一个着落。陈嘉庚久居新加坡，在南洋华侨中有很高的声望，对华侨社会有多方面的贡献和影响。他大力支持社会改革，倡导慈善与教育，促进了华侨社会的团结和发展。通过这些社团，海外华侨一步步扩大自己的社交范围，构建起自己的社会关系网络。这种社会关系网络给他们带来许多有利的资源，因此海外华侨也更重视社会关系的经营和扩张。这些侨民相聚而居，由此形成了一种长期稳定的社会结构，人们彼此之间产生了心理上的认同感与亲切感，有利于华侨社会整体的发展。

二、侨乡社会

侨乡一般是指国内某些华侨较多的地区。随着侨民的迁徙与回乡，当地的经济、文化、教育事业不断发展，渐渐形成了独具特色的侨乡社会。

在集美，仍然有许多地方沿用历史上流传下来的地名，如"庄厝""蔡厝"等。集美侨乡遵循着中国社会的传统，这里的人们对血缘关系十分重视。

随着社会的演变，有的氏族成为当地的主流家族，有的氏族已经毫无踪影。现今已经无法考证哪个氏族最早定居于集美，但集美确实成为一个单姓聚居的村落。

集美社会由地缘、血缘、信仰而联结，在不同国家生活的侨胞，通过故乡联结在一起，而集美作为华侨的故乡，也因为华侨文化的影响而发生了新的变化。

三、受华侨影响的侨乡的社会变迁

在晚清时期，大量集美人出洋谋生。例如，陈嘉庚的父辈陈杞柏曾在南洋经商，并取得了一定成就。随着战争和灾荒频发，越来越多的集美人向海外迁移，集美的建设与发展开始依赖侨汇。集美人宗族意识浓厚，对家中亲人有很强的道德感和责任感。华侨在外只要有所盈余，便会将钱汇寄回家，用于修建祖屋、扩建新房。

华侨在重建家乡的过程中，大力发展教育事业。陈嘉庚先生认为，"教育不振则实业不兴"。到清末民初，陈嘉庚在家乡开办了集美学校。此后，华侨在集美社会生活和地方政治中的影响越来越大。陈嘉庚先生毕生致力于教育救国，推进了中国现代教育事业的发展。

华侨作为集美地区现代化教育与公益事业的主要推动者，在历史上留下了深深的印记。集美华侨通过捐资、捐物等方式，积极推动了侨乡的公益事业，对家乡的道路、桥梁、医院等公共设施进行改造和建设，在战争和灾难中给予家乡人民热情救助，这些举措极大地提高了集美侨乡人民的生活水平。

第三节　集美华侨社团的作用与影响

随着移居国外华侨的不断增加，为保护自身的经济利益和合法的政治权益，集美籍华侨纷纷成立或参与各种华侨社团组织。这些社团组织最初多是以血缘和地缘为纽带的小社团，如有按祖籍、地域和方言组织的同乡会馆，有按姓氏组织的宗亲会馆。19世纪末到20世纪，除地缘性同乡会、血缘性宗亲会外，还相继成立了以行业组织的同业公会，以及各居住国、城市和地区的华侨总会、总商会等华侨社团组织。其中，多位集美籍华侨成为侨团的组织者和领袖。

中国人向来注重族群关系，随着社会的发展，中国人的思想观念也逐渐由对古代宗法制血缘关系的尊崇向现代社会的国家民族意识演变。在个体不断获得解放与尊重的同时，族群的向心力，对土地、亲情的重视，对自我归属的寻找始终没有改变。集美人最初下海经商，在异国他乡缺乏经济基础，又没有亲朋好友在身边，作为外来者在异国生活，孤独感与无助感如影相随。因而，华侨之间建立联系、组建社团，成为一种共同的需求。通过这些联系，华侨能够在社会经济、政治参与和文化生活中互相扶持，彼此认同，因为共同的故乡情和爱国心而紧紧团结在一起。华侨与社团之间的互动关系，已经成为一个不容忽视的社会现象。

一、社团的水平更加专业化

改革开放以来，中国不断扩大对外开放的范围，资本的国际流动速度进一步加快，全球已经进入一个人才快速流动的时代。在全球产业链复杂化、行业领域增多的情况下，以经济、科技、商业合作为基础的社团如雨后春笋般涌现。这些社团都具有鲜明的专业背景，对想要加入社团的成员提出了较高的要求，这既是社团有效运行的基本保证，也是社团吸引优秀人才的关键举措。

二、涉及的产业与行业更加多元化

以集美人为例，在海外谋生的华侨基本上是先利用自然资源发展种植业，而后扩大生产建立企业，通过经商立足海外。例如，陈嘉庚、陈六使、孙炳炎等人是以橡胶、木材等原材料的加工发家的。早期的华侨在宗亲社团的帮助下，与自己的同乡亲朋联络，在同行业中互相扶持。而现代以来，海外华侨从事的职业更加多元，行业之间的交流与合作也更为频繁。他们从早期的纯技术人员发展为更高一层的技术性与管理性兼备的团队，不仅涌现出了许多行业精英，而且涌现出了为适应社会发展变化而创设的各种性质的社团。这些社团的功能多种多样，其活动方式也在不断推陈出新。

三、社团的管理更加现代化

受中国传统文化的影响，早期的华侨宗亲社团虽然具备完整的规章制度和管理体系，但是在管理的思维方式上仍以集体共同的信任为核心。这种现象类似于古代农村中的乡会：当村民出现纷争时，让一位德高望重又具有权威性的人物出面主持公道，此人的意志很大程度上可以代表全员的意志，很少有人会违背集体的决定。而在经济得到更多发展之后，除血脉中的宗亲观念外，现代意识与民主精神也开始深入影响华侨群体。华侨们开始参照现代管理制度，对权力与职责进行分配，合理设定管理层的规则与秩序。华侨群体已经初具契约精神，他们的思想与行为方式亦不断向现代模式转变。

第二章

敢拼会赢，开放共赢的侨商文化

第一节　集美华侨的经济发展概况

一、商业

集美华侨早期在东南亚经商，以经营大米、土产杂货、日用品、副食品等为主。集美华侨早期在外经营的商品主要包括棉布、丝绸、鞋类、首饰、烟草、酒类、农产品、瓷器、铜器、铁器、装饰用品等，近现代以来主营电器、化工、五金、日用百货、工艺品、建筑材料、药材等。

二、工业

东南亚自然资源丰富，集美华侨早年多以经营农林产品和食品加工的作坊起家。此外，东南亚盛产橡胶和黄梨等，因此集美华侨在此创办了各种农林产品加工厂，如面粉厂、制糖厂、木材加工厂和橡胶加工厂等。创业的华侨将业务从农产品的加工与生产逐渐扩大到食品、橡胶制品、塑料、化工、建材等方面，涌现出许多优秀的企业家。陈嘉庚先生在新加坡城郊创办了一家黄梨厂，当他发现橡胶业蕴含巨大商机后开始种植橡胶树，继续合办企业，收购工厂，扩大生产经营，在全球许多国家都设有分厂，并且逐渐向其他行业扩展，陈嘉庚成为名副其实的“橡胶大王”。

三、种植业

农业是国民经济的基础，陈嘉庚、孙炳炎、黄仲涵等著名企业家都是靠种植业发家的。陈嘉庚购买土地，靠着种植黄梨积累了一定的资本后，向橡胶业扩展，在此基础上打造出属于自己的商业帝国。

四、金融业

资本积累为集美华侨发展金融业创造了条件。事业有成的华侨后期纷纷将目光转向银行业，同时附带发展保险业务。他们善于利用银行系统理财，在规避风险的同时，为自己创造更多机会。他们的资金有很大一部分用于定向支持国内的教育、医疗和公益事业。

集美华侨在海外历经风风雨雨，艰苦奋斗，发展至今，在其他国家已经具备相当的影响力，获得了自己独特的社会地位。同时，他们事业有成后纷纷归国兴办教育，投资项目，增进中外文化交流，为集美、厦门、福建乃至全中国的发展都做出了辉煌的贡献。

第二节　当代集美侨商的代表人物

取诸社会，用诸社会——爱国企业家陈嘉庚

陈嘉庚(1874—1961)，出生于福建省泉州府同安县仁德里集美社(今厦门市集美区)。1890 年，陈嘉庚奉父命南渡新加坡；1891 年，在父亲开设的顺安米店习商；1892 年，任顺安米店经理。后兼创黄梨罐头厂，积极勇进，多业驱动，初显其经济才略。

20 世纪初，马来亚种植橡胶树获得成功。陈嘉庚意识到橡胶业大有前途，1906 年向陈齐贤、林文庆购买了橡胶树种子，将原栽种黄梨的福山园扩大，并在该园黄梨丛间套种橡胶树。第一次世界大战爆发后，陈嘉庚所经营的黄梨罐头厂和米厂都受到了影响。从 1919 年起，陈嘉庚集中财力和物力发展橡胶树种植园及橡胶加工工业。其橡胶企业的主营业务包括橡胶树种植、湿片加工、

生胶原料制造及熟货成品产销、日常生活用品供应等，橡胶树种植园的数量和面积也不断扩大，鼎盛时期其销售网络遍及全球，陈嘉庚成为驰名海内外的大实业家。

第三节 集美华侨的商业理念的深远影响

一、陈嘉庚经营理念的文化内涵与深远影响

陈嘉庚经营企业的精神品格及其文化内涵集中体现为陈嘉庚一贯提倡的诚、信、果、毅四个字。

(一)诚——忠诚爱国、真诚为民

“诚”是陈嘉庚做人的基本准则，也是他办实业的核心价值观。按他自己的解释，“诚”的核心内容是忠诚奉献于祖国、真诚服务于社会。办实业是为了尽“爱乡爱国”之“义务”，这种“义务”在他心目中比企业赢利还重。他“轻金钱，重义务”的价值观念，是“出乎性之自然”，是在办实业以前就形成的。

身居异国他乡，陈嘉庚关心祖国的前途，希望中国强大，能够以“祖国做靠山”，因而愿意以自己办实业积累的财富，为救国救民做出贡献。

陈嘉庚不仅主张积极办实业以增强国力，还不断以办实业积累的财富支援祖国的救亡运动和进步事业。在辛亥革命和抗日战争时期，他率领爱国侨胞，募捐巨款，支援革命和抗战。他对捐款办教育尤其不遗余力。自 1913 年起，他在家乡创办了一系列专门学校，统称“集美学校”。1921 年，他又创办了厦门大学。

他十分明确地把企业对国家、社会的“诚”和职工对企业的“诚”联系起来，力求以爱国、爱社会的价值观启迪和培养全体职工对企业的忠诚，以增强企业内部的向心力和凝聚力。他以捐资办集

美学校、厦门大学的事例勉励职工：公司经营成功取决于全体职工共同奉献，公司发展了就能影响和推动国家的振兴、社会的进步。

（二）信——信誉至上，恪守道德

“信”是陈嘉庚为办实业所确立的道德规范。他所说的“信”，包括信用、信誉和信任。

重视信用是中华民族的传统美德。从创办企业之初，陈嘉庚就把“信”作为基本准则。

陈嘉庚认为，企业对外部的信用主要表现为对顾客的信用。取信于顾客，是企业兴旺发达的重要前提。在企业的外部信用方面，他着重强调两个环节：第一，品质优良的商品是取信于顾客、建立企业信誉的物质基础；第二，对待顾客文明礼貌，与顾客相互尊重和相互信任，是取信于顾客的可靠保障。

企业内部的“信”包括两个方面。一是企业领导人要信守对职工的诺言，自觉地履行对职工的责任和义务，做到“言必信，行必果”；二是要对职工的工作给予充分信任，“任人不疑”。对那些具有真才实学、在事业上有进取心的人，要给予格外的鼓励和扶持，委以重任、信任不疑，将他们合理地安排到最能发挥他们才干的位置上去。

（三）果——果敢进取，竞争制胜

陈嘉庚认为经营企业实际上也是在进行一场战争，“当存有竞争之心，乃有进步之效……不可不时存优胜进取之念”[①]。在竞争中不仅要敢于冒风险，还要决策及时，行动迅猛，掌握充分的主动权。“动作迟缓，事事输人，商战中必为败兵”，这就是陈嘉庚一

① 《愿诸君勿忘中国——离新归国前在恒美厂宴请同人时的演说》，载《陈嘉庚教育文集》，第167页。

贯提倡的“果”字，它强烈地体现了陈嘉庚在办实业中锐意进取的精神。创业之初，陈嘉庚就注意到新加坡出产的黄梨品质优良、采购方便，将其加工成罐头产品，生产周期短，白糖等有关原料还可以赊账，无须过多的流动资金，并且出口欧美各国，销量较高，因此他当机立断地选择黄梨罐头作为市场突破口，火速上马。他亲自督工、夜以继日，耗时两个月，赶在夏天黄梨罐头生产旺季之前建成黄梨罐头厂，初步打开了局面。

从陈嘉庚创办黄梨罐头厂的全过程，就可看出他的果断，这与其敏锐的市场洞察力是分不开的。最能表现其“果”的品格的，莫过于陈嘉庚审时度势后果断决策，率先投资经营橡胶业的成功事例。在南洋一带，最早大规模种植橡胶树的是华人陈齐贤、林文庆。陈嘉庚了解到，当时欧美各国几乎都处在工业革命转型时期，对南洋地区出产的橡胶需求巨大，立即决定全力投资橡胶业，不久便坐稳了南洋橡胶市场的龙头地位。有人说：“陈嘉庚虽然不是在马来西亚种植橡胶树的第一人，但却是当地第一个看到橡胶有无限发展前途的人。”①

(四)毅——百折不挠，矢志不渝

陈嘉庚在经营实业的过程中曾经历一个又一个的挫折，但他始终以刚毅不屈、百折不挠、坚持到底的精神面对困境，克服了重重困难。

他强调，企业竞争变幻莫测，失败在所难免，但决不能因失败而丧失信心和勇气，悲观失望，一蹶不振，而应该具有前仆后继、勇往直前的顽强毅力，敢于下定决心，排除万难，才能最终战胜失败成为强者。他说：“假如你想成功，就得准备克服千重障碍，经受各种失败和挫折。”很显然，用“毅”字概括陈嘉庚企业的经营

---

① 费卓绍：《陈嘉庚的企业经营哲学观》，载《公关世界》，2004(6)。

风格，再恰当不过了。陈嘉庚在第一次世界大战期间发展航运业的事例，更能说明他在经营实业方面“毅”的品格。陈嘉庚还指出：经营实业要有重点，选对目标后，决不能轻易变动，应该锲而不舍、精心经营。如果看到某种产品供不应求、容易获利，就随便放弃自己的经营阵地或者盲目扩大经营范围，跟着别人一哄而起、一拥而上，这样会碰钉子、吃大亏，甚至会丧失自己原有的优势，最终被挤出市场。“好多便不精，好博便不纯。”他所推崇的是，“为人有道德毅力，便是世界上第一难得之奇才”①。

二、益和集团与南益集团的商业理念

第二次世界大战后，陈六使的益和集团抓住发展契机，扩大橡胶投资与生产，迅速发展起来，逐渐成为新加坡橡胶界的明星，陈六使亦获得“橡胶大王”的称号。除此之外，陈六使在金融方面也取得了不小的成绩，诚信的品质与一路打响的好口碑使其在事业陷入危机时能够得到各界的帮助。益和集团在新马地区走过了几十年的风风雨雨，而关注益和集团发家史的同时，不得不提及同时期的另一位工商业巨子——李光前。初到南洋时，李光前受雇于人，后受到陈嘉庚的赏识进入工商业发展，自营南益树胶公司，营业范围逐渐扩大，产业遍布新加坡、泰国等地，成为新马地区屈指可数的华人企业家。两个企业属于同一个时代，起步时间相同，但后期的发展体现出两个企业管理模式上的差异，给予后人不同的启示。

三、集美华侨的商业理念

在社会经济文化得到空前发展的今天，集美华侨的商业理念

---

① 费卓绍：《陈嘉庚的企业经营哲学观》，载《公关世界》，2004(6)。

仍对福建乃至中国产生着深远的影响，对于如今经济工作的开展，具有一定的启示作用。

(一)推动完善青年创业教育与宣传

集美侨商的理念与精神很好地推动了创业文化的健康发展。将创业课程纳入学校教育当中，增强青年人的创业意识，提高他们对创业的认识以及对技能的掌握。这种思维的开拓是促进具有较高素质的大学生进行“高质量”创业的基本途径。

2012年，教育部办公厅印发《普通本科学校创业教育教学基本要求(试行)》，推动高校创业教育向更加科学化、制度化、规范化的方向发展。这对于大学生掌握创业的基本知识、流程与方法，了解相关的政策与法律规定，增强创业意识和培养创新精神具有重要的作用。与此同时，为提升青年人对创业的认可度，宣传也要一并跟上，除了陈嘉庚、孙炳炎等华侨领袖，还要以现代的青年创业家为榜样，创办大学生创业园，加强基础设施建设，提供政策支持，吸引大学生回乡创业，带动整体的创业氛围。这些创业氛围给创业教育带来了多种思路，也开辟了多种有效的探索空间。

(二)带领更多企业共建“一带一路”

目前，全球经济形势多变，机遇与危机并存。不同的思想与文化、不同的利益与冲突。这些复杂的问题都不同程度地制约着企业家的经济活动。在这样的社会背景下，集美侨商开放的眼界和包容的文化心态能够引领侨乡抓住机遇，要以“一带一路”建设为重点，坚持“引进来”和“走出去”并重，不断提升企业的品牌影响力和软实力，打造具有核心竞争力的企业，有助于提升中国企业和产品的可信度和美誉度，吸引更多国家和地区共建“一带一路”。

第四节　集美侨商对家乡建设的贡献

一、捐资办学

1894年，陈嘉庚在集美创办了惕斋学塾；又于1913年创办了集美小学，奠定了集美学村的第一块基石；到1949年时，辖区内已有华侨私立幼儿园1所、小学25所、公立侨助小学9所、侨立中学1所、中专6所、大学专科5所。陈嘉庚还资助了同安及全省20个县市的73所学校，仅1925年，资助金额就高达17.4万银圆，全由陈嘉庚个人自筹。陈嘉庚一生创办、资助和支持发展的学校达120余所。

二、捐办医疗事业

在医疗建设方面，从1920年至1921年，陈嘉庚先后在侨乡捐建了集美医院和厦门大学医院。集美学校医疗室为集美医院的前身，初期免费为乡民诊治疾病；至20世纪30年代，开始酌情收取费用以弥补医药费的支出；在抗战时期，集美医院为救治伤兵与伤民贡献了巨大的力量；抗战结束后，集美医院又重新实行减费或免费医疗。

1946年，陈嘉庚倡议新加坡同安籍华侨筹款近3万元，在侨乡建设侨办公益医院，后于1948年更名为同民医院。1956年，陈文确倡办的马巷同民分院门诊大楼落成。

三、捐助公益事业

1881年，黄志信捐资筹赈河间府灾荒有功，北洋大臣上奏赐其中宪大夫；光绪二十三年(1897年)，黄志信又捐资修筑灌口前场道路，长约五六里(1 里＝500 米)。

旅缅华侨杜文艮捐巨资用于灌口修桥造路等公益事业，自光绪十三年(1887 年)至三十四年(1908 年)，共计捐资 30 余万元，清廷为之建立“乐善好施”牌坊。

曾广庇于光绪二十四年(1898 年)捐银万两，赈济河南水灾，清廷赐赠“救饥济弱”金匾；光绪二十八年(1902 年)曾广庇又独资捐修同安西桥。

民国二十七年(1938 年)，集美村民遭日军轰炸，四处逃难，生计无着，陈文确、陈文使兄弟汇款国币近 8 万元，委托集美学校校长陈村牧用于救济集美难民，扶助难童入学。民国三十五年(1946 年)，两人复汇国币 1 000 多万元，作为集美战后救济基金，支持村民重建家园和恢复生产。1949 年 11 月 11 日，集美遭飞机轰炸，陈文确委派侄儿陈永鸿携港币近 1 万元回乡，捐作村民救济金。

1949 年前后和 20 世纪 60 年代初，华侨汇款多以接济亲友为主，间有为农村集体捐赠农机、化肥等物。改革开放后，侨胞捐助家乡公益事业的热情高涨。新加坡侨胞汪荣通、汪国成捐款近 2 万元，修建后溪英村石砖大道；马来西亚广余法师捐款近 200 万元，重修金鸡亭普光寺；陈永和捐资近 20 万元，资助集美社老人协会和集美南音社；陈文峰捐款 10 余万元，资助兴建集美浔畔山庄(骨灰室)；陈永和、陈嘉谋父子捐款 55 万多元建立李厚公益基金会，捐款近 200 万元建立集美社陈永和基金理事会；周谭友捐港币近 10 万元作集美区慈善基金，捐款 50 多万元资助灌口李林老年活动中心；李成义捐款近 1 680 万元，资助集美仲育学院克武馆、集美中学体育馆、乐安中学、乐安联谊会等。

四、投资经济建设

清末民初时期，旅外华侨见证了侨居国经济发展的面貌，回归侨乡后深感家乡的贫困与衰败，于是大举回乡兴业，帮助家乡摆脱困境。1913 年，张永福在厦门开办商号，主要贩卖进口大米并经营侨批。黄仲涵在厦门开始经营建源公司，从事土特产进出口业务。陈嘉庚与杨格非合资近 20 万元，开办大同酱油厂，于 1927 年与淘化罐头食品厂合并，成立淘化大同股份有限公司。陈嘉庚经营的企业蒸蒸日上，20 世纪 30 年代，淘化大同股份有限公司年产约 500 吨以上，公司产品荣获巴拿马万国博览会金奖。1917 年，陈敬贤与夫人王碧莲在集美开办织布厂，特地为女性提供就业机会。1920 年，陈嘉庚成立华侨商办同美(同安—集美)汽车路股份有限公司，两年后，同美公路正式通车。1930 年，陈敬贤集资创办禾山济兴农林公司，拥有土地 700 余亩(1 亩＝666.67 平方米)，种植果树、林木、谷物、蔬菜等作物。1944 年，陈嘉庚、陈六使等人为促进侨商联合，创办华侨航业股份有限公司，所开设航线往来于中国台湾地区、缅甸、印度尼西亚等地，承办客货业务。1952 年，陈嘉庚将同美公路及其经营权捐献给祖国。

20 世纪 80 年代后，集美区政府出台了一系列的优惠政策，鼓励华侨华人回乡投资建设。1981 年 8 月，陈嘉庚的侄子陈共存联络新加坡知名华侨创办集美制衣厂，并捐献其父辈早年购置的私人花园作为制衣厂的厂址。从 1988 年开始，该公司每年提供一部分利润作为“陈嘉庚科学基金会”基金，由中国科学院奖励在数理科学、生命科学、地球科学、技术科学、农业科学和医药科学等领域卓有成就的中国科学家。至今，集美区由华侨华人兴办的具有一定实力的企业已有十几家。

第三章

陈嘉庚等华侨倾资办学的历史功绩与现代影响

第一节 陈嘉庚的办学背景与办学目的

一、办学背景

(一)社会背景

陈嘉庚，又名甲庚，福建省泉州府同安县仁德里集美社人。陈嘉庚出生的年代，正值清朝晚期，国力衰微，内外交困。清政府内部政治腐败，统治阶层昏庸无能。西方列强入侵中国，不断用坚船利炮敲开中国的大门，强迫清政府签订一系列不平等条约，割地赔款，丧权辱国。中国人民深受帝国主义和封建主义的双重压迫。在危急形势之下，一些先进的仁人志士奔走呐喊，开始寻找新的救国救民道路，学习西方的科学技术，民主思想得到进一步传播，中华大地上风起云涌，焕发出新的蓬勃生机。

(二)成长背景

陈嘉庚的父亲陈杞柏少年时南渡新加坡，开设顺安号米店，兼营地产，晚年返乡定居。陈杞柏娶妻孙秀妹，孙氏勤俭持家，乐善好施，深得邻里敬重。

陈嘉庚9岁时入南轩私塾读书。塾师陈寅是从别的地方请来的，依照惯例，教一个多月就要回家一个月或半个月，因此学生受业的连贯性无法得到保证。此外，私塾采用的课本主要是《三字经》、“四书”，文字艰深，且塾师照本宣科，学童鹦鹉学舌，故很多学生读了好几年还不知道文中深意。因此，少年陈嘉庚虽然就学多年，但收获甚少。

陈嘉庚的伯父陈缨斟从新加坡回乡省亲，目睹家乡教育落后的状况后甚为痛心，于是便在当地办了一所家塾，陈嘉庚随即转入家塾上学。陈嘉庚14岁时，陈令闻主持陈氏家塾，他才学颇丰，弃《三字经》改授《四书章句集注》，于课上传业授道、答疑解惑。陈嘉庚自此勤勉从学两年，学业大有进步，他对古文和报刊文字里的内容开始“略有一知半解”。这个时期的一知半解，加深了陈嘉庚对祖国文化深沉的爱与深入心灵的体验。

从学多年，学识渐长，陈嘉庚渐渐知道了一些家国大事，西方列强对我国的侵略，清政府的腐败无能，这些衰颓的局势在他心中留下了深刻的印象。

闽南是民族英雄郑成功的故乡，乡亲们农渔劳动之余，常围坐在一起，说古道今，议论时政，讲述关于郑成功勇敢抗清和收复台湾等故事。少年陈嘉庚常依于大人身旁，倾听这些新颖的议论和激动人心的故事，爱国思想从那时起便在他的内心生根。

1890年，陈嘉庚首次来到新加坡，在他父亲经营的顺安号米店学习经商。两年后，时任米店经理和财务的族叔返乡，陈嘉庚便接替了他的职务，开始打理米店的生意。

1904年，陈嘉庚筹资约7 000元，盘下日新公司，并在新加坡城郊创办了黄梨罐头厂。同年夏初，陈嘉庚再开米店，号“谦益”，另购地约500英亩(约2.02平方千米)，种植黄梨。因经营有道，短短数年之间，陈嘉庚公司获利颇丰。

20世纪20年代初，新加坡及马来西亚胶价连连下跌，众多小规模橡胶厂纷纷亏损倒闭。陈嘉庚审时度势，断定20世纪必定为橡胶的时代，分析橡胶行业生产形势，同时痛感幅员辽阔的中国竟无一个与其地位相匹配的大型橡胶厂。于是他于1922年改变公司经营策略，投资30余万元，收购一批小型橡胶厂，随之为其添购大量机械设备，扩大工厂厂房。1925年，陈嘉庚经营的生产橡胶的工厂亦增加到了近13个，另有饼干厂、黄梨罐头厂、肥皂厂、制药厂、制革厂、皮鞋厂、火锯厂，代理商家有100余家，遍布世界各地，总资产达1 200余万元，成为东南亚地区闻名的“橡胶大王”。

陈嘉庚在经商余暇，不忘读书进修，潜心学习，更加坚定了改变家国落后面貌的决心。当时孙中山先生亲往新加坡进行革命活动，陈嘉庚深刻认识到孙中山先生领导的革命事业的必要性，对革命活动给予积极支持。

二、办学目的

(一)教育强国

成长于家国衰颓之际的陈嘉庚，目睹了封建政府麻木无能、社会百业凋零、黎民流离失所等黑暗现实。年幼时的经历使他深刻地认识到，完备的国民教育可以提高国民素质，进而使国家变得强盛。

陈嘉庚年少时就听家里的长者说，厝里之间有强弱之分：夜晚入强乡，可以听到三种声音——一为读书声，二为拳声，三为弦管声；而到弱乡则没有这三种声音。他曾说过：“余常到诸乡村，见十余岁儿童成群游戏，多有裸体者，几将回复上古野蛮状态，触目心惊，弗能自已，默念待力能办到，当先办师范学校，收闽南贫寒子弟才志相当者，加以训练，以挽救本省教育之颓风。”①此后，陈嘉庚将自己毕生的精力都投入教育事业当中，奋力振兴教育，以强盛家国。他的忘我无私感染了一代又一代的有识之士，他无愧为华侨旗帜、民族光辉。

(二)传播新学

陈嘉庚在《新加坡华校历史沿革星洲道南学校三十周年纪念会

---

① 李昌彧、肖育发：《陈嘉庚精神》，北京，中国人民大学出版社，2017，第24页。

上之演讲词》中指出，“当日训蒙，着重道德。至于科学，如历史地理之类，则付阙如，盖复偏守一隅，故有所言，尽于‘天下’，殊不知有世界各国。是以当时读旧学而知爱国少”，一针见血地道出了当时中国教育的主要缺陷和弊端。因此，他在创办学校时，在专业结构设置上，注重以全面并举的先进教育模式进行教学。

陈嘉庚认为，封建体制下，中国传统的经学教育，只注重塑造学生对纲常伦理的认知，而忽视了科学、哲学、地理等学科的教育。在这种情况下，建立一种新的学校教育模式，吸收先进的教育思想及教育内容，对祖国的年青一代进行科学文化的全面教育和引导，无疑具有深远的意义。

(三)教育助力实业

1923 年 9 月 6 日，陈嘉庚创办了《南洋商报》。在《南洋商报》开幕宣言里，陈嘉庚探讨了实业与教育的关系，他说：“教育之必需经济，经济之必赖实业。实业也，教育也，固大有互相消长之连带关系也明矣。”教育与经济紧密联系、互相依存。只有提高了教育，才能帮助实业发展；而只有实业发展了，经济才能增长。这一看法是深刻而有远见的。

陈嘉庚说：“何谓根本？科学是也。今日之世界，亦科学全盛之世界也。”工业革命改变了整个世界的发展方式，从那以后，科学就成为第一生产力，实业要发展离不开科技的进步，而科学知识的传播离不开教育。因此，他不断强调教育的重要性，教育不但关乎个人，还关系着整个国家的发展。“科学之发源，乃在专门大学。有专门大学之设立，则实业、教育、政治三者人才，乃能辈出。以教育言，有良好之大学，自有良好之中师。有良好之中师，自有良好之小学。譬植树焉，不培根本，枝干何处发达，理势然也。……夫当局诸公，既不足与之言兴国，则国家兴亡匹夫有责，自当急起直追以尽天职，何忍袖手旁观，一任教育前途之涂炭。……且兴学即所以兴国，兴国即所以兴家。世之积金钱以遗子孙者，莫非为兴家计，既要兴家则对于兴国之教育不可不加注意焉。”①

由此，陈嘉庚立志一生，发展实业，所获得利润为社会服务，推动教育事业发展。通过发展教育，提升百姓的文化水平，为国家建设储备人才，实业亦能得以长足发展。

第二节　陈嘉庚的办学历程与成就

一、倾资兴学

陈嘉庚为祖国的教育事业倾尽所能，呕心沥血。早在1913年，他就在家乡出资创办小学；1917年，陈嘉庚创办了集美女子小学；1918年，陈嘉庚创办了集美师范和集美中学；1919年，陈嘉庚创办了集美幼稚园。随着企业的兴旺发展，他又继续在集美开办水产航海学校、商业学校、农林学校等，同时也设立了科学馆、图书馆和医院等，使集美形成了系统完整的学村。1921年，陈嘉庚创办了厦门大学。据统计，从1904年创业到1931年企业濒临清盘，陈嘉庚赚来的钱，近90%都用在了办学上，先后创办和资助的各种类型学校总数约达120所，为家乡和国家教育事业倾其所有。

陈嘉庚为集美学校和厦门大学兴建数十座雄伟的高楼，而他自己却住在简陋的房子中。他对自己的衣食住行从无过高的要求，保持着艰苦朴素的习惯，居所内床、写字台、沙发、蚊帐等家具设施都已老旧，而他的外衣、裤子、鞋子、袜子也全都打着补丁。他有数百万财产，晚年却为自己规定了非常低的伙食标准，每天五

---

① 陈嘉庚：《本报开幕之宣言(实业与教育之关系)》，载《南洋商报》，1923-09-06。

角钱，经常吃番薯粥、花生米、豆干、腐乳加上一条鱼。在他看来，应该用的钱，千百万也不能吝啬；不应该用的钱，一分也不能够浪费。

经济危机来临时，陈嘉庚的企业面临困境，厦门大学也因此陷入危机。当时有多位好友劝陈嘉庚暂时关闭厦门大学。一些银行和投资机构表示愿意给陈嘉庚贷款，但同时也提出了条件，那就是必须停止向厦门大学和集美学校提供经费，保证资金全用于企业。对此，陈嘉庚断然拒绝。他后来在回忆录中写道："有人劝余停止校费，以维持营业，余不忍放弃义务，毅力支持，盖两校如关门，自己误青年之罪少，影响社会之罪大。""一经停课关门，则恢复难望。"他毅然卖掉许多产业，继续维持学校。

商业面临窘境，企业陆续关门，但这些并没有动摇陈嘉庚办学的决心。他一直凭借自己和亲友的力量，苦苦支撑着厦门大学，直到抗日战争爆发前夕，他才将厦门大学无偿交予政府管理。

在承担集美学校、厦门大学庞大开支的同时，陈嘉庚还于1921年联络新加坡华侨，组织同安教育会，资助同安县创办40多所小学。

陈嘉庚自己倾资兴学，也希望有志之士闻风而起，振我中华。正是在陈嘉庚倾资兴学这一壮举的感染之下，他的家人、族人及后辈相继为祖国的教育发展做出了巨大的贡献。

二、办学成就

（一）集美学校

陈嘉庚创办集美学校，以集美小学的筹建为开端。"民国光复后余热诚内向，思欲尽国民一分子之天职，愧无其他才能参加政务或公共事业，只有自量绵力，回家乡集美社创办小学校……"①

① 陈嘉庚：《南侨回忆录》，上海，上海三联书店，2014。

这是陈嘉庚在《南侨回忆录》中追记自己创办集美小学时写下的一段话。

1912年9月，陈嘉庚怀着“尽国民一分子之天职”的初衷，返乡筹办学校，为国育才。此次返乡，陈嘉庚看到村中本该在学校读书修学的10余岁孩童，却成群结队四处游荡。陈嘉庚意识到，家乡的教育依然非常落后，乡里的孩童亟须得到良好的教育。于是陈嘉庚便开始筹办集美小学。

1913年3月4日，集美小学正式开学，报名的适龄学生有135人，分为高等一级、初等四级，定名为乡立集美两等小学。此时的集美小学并无校舍，而是借用陈氏宗祠作为校舍。同年秋，学校迁至位于集美村西的新建校舍。1914年春季，小学生增加至近200人。1922年秋，集美小学从木质校舍迁移到延平楼新校舍上课，设置多个教学班，有学生约350人。到1937年，学生增加至近500人。翌年5月，日军侵占厦门岛，学校内迁至后溪石兜村，延平楼被日军炸毁。1953年，延平楼修复后，学校迁回。1965年，集美学校校舍调整，集美小学迁至嘉庚路57号现址。

1918年3月10日，集美学校师范部、中学部(均只收男生)开学。这一年，陈嘉庚写信给集美学校学生，说明兴学动机：“教育不振则实业不兴，国民之生计日绌……言念及此，良可悲已。吾国今处列强肘腋之下，成败存亡千钧一发，自非急起力追难逃天演之淘汰。鄙人所以奔走海外，茹苦含辛数十年，身家性命之利害得失，举不足撄吾念虑，独于兴学一事，不惜牺牲金钱竭殚心力而为之，唯日孜孜无敢逸豫者，正为此耳。诸生青年志学，大都爱国男儿，尚其慎体鄙人兴学之意，志同道合，声应气求，上以谋国家之福利，下以造桑梓之庥祯，懿欤休哉，有厚望焉。”[①]由此可

---

① 王增炳，陈毅明，林鹤龄：《陈嘉庚教育文集》，福州，福建教育出版社，1989，第160页。

见，陈嘉庚办教育，是希望为祖国培育出更多的人才。

1919 年 2 月，集美幼稚园建成。1920 年 2 月，集美学校水产科开学。1920 年 8 月，集美学校商科开学。1926 年 6 月，集美学校农林部开学。至 1927 年，男小、女小、男师范、男中、女中、水产航海、商业、农林、幼师、乡师、国专等十几所学校建成，统称为集美学校，另设医院、图书馆、科学馆、教育推广部，由此组成了完整的集美学校。

(二)厦门大学

1921 年，陈嘉庚创办了厦门大学，这是当时唯一一所由华侨创办的大学，也是当时全国唯一一所独资创办的大学。在厦门大学的开学典礼上，学生们演唱了由郑贞文作词、赵元任作曲的《厦门大学校歌》：

自强！自强！学海何洋洋！谁欤操钥发其藏？
鹭江深且长，致吾知于无央。
吁嗟乎！南方之强！吁嗟乎！南方之强！
自强！自强！人生何茫茫！谁欤普渡驾慈航？
鹭江深且长，充吾爱于无疆。
吁嗟乎！南方之强！吁嗟乎！南方之强！

后来，世界经济危机爆发，华侨企业受到冲击，陈嘉庚面对艰难境遇，态度坚定地说："宁可变卖大厦，也要支持厦大。"为此，他将自己的三座大厦卖了，作为维持厦门大学的经费。

为了办好厦门大学，陈嘉庚聘请蔡元培、黄炎培、余日章、郭秉文、邓萃英等担任筹备委员会成员。经过一段时间的积极筹备，厦门大学暂借集美学村正式开学，首批招生 120 余人。

陈嘉庚把选好校长看作师资队伍建设的第一要素，认为办好学校要“慎择校长，广延名师”[①]，这正是他不但能办教育，而且能办好教育的重要原因。他认为校长要具备为国效力、坚韧不拔、勇于担当的优秀品质。为此，他再三恳请远在新加坡的老友林文庆博士出任厦门大学校长。林文庆没有辜负陈嘉庚先生的殷切期盼，带领厦门大学教职工将厦门大学打造成了闽南教育的标杆。

林文庆(1869—1957)，字梦琴，祖籍福建省海澄县(今龙海)，与陈嘉庚的故乡同安相邻。林文庆为厦门大学的发展呕心沥血，从1921年上任到1937年厦门大学改为国立，担任校长达16年之久。正是在这16年中，一座堪称中国东南地区最美丽的大学出现在闽南海滨：红瓦灰墙、中西合璧的建筑依山傍海、错落有致，学校的图书馆、生物馆、学生食堂等设施都是当时国内最好的。厦门大学当时有文学院、理学院、法学院、商学院、工学院5大学院17个系。1930年前后，厦门大学每年可招收数百名学子。而这一切的经费，除了少量亲友捐赠的款项，基本都是靠陈嘉庚一人之力努力支撑的。他前后投入厦门大学的经费多达400余万元，这在20世纪二三十年代的中国，可谓天文数字。

第三节　陈嘉庚的教育思想及其对华侨兴学的影响

一、陈嘉庚的教育思想

(一)“师”“海”“商”并重

陈嘉庚高瞻远瞩，提出“师资教育之重要”“国家人才之宜培植”，特别注重“师”“海”“商”专业教育。“师”即师范教育，他认为：

① 王增炳，陈毅明，林鹤龄：《陈嘉庚教育文集》，福州，福建教育出版社，1989，第160页。

“有良好之大学，自有良好之中师。有良好之中师，自有良好之小学。”所以，他竭尽全力创办大学、中学的各类师范教育。

1916年10月，鉴于闽南师资匮乏，陈嘉庚认识到要想继续扩大集美学校办学规模，必须先解决师资困难这一问题，于是陈嘉庚便派遣其弟陈敬贤返乡创办师范学校及中学。陈敬贤返乡后，购地兴建教室、礼堂、餐厅、宿舍、操场等教学场地，招收师范生3个班级，中学生2个班级，共196人，于1918年正式开学。当时规定，师范生按照县分配名额，只招收寒门子弟，以防家境殷实子弟毕业后不肯从教服务社会。

1920年2月，为了改变旧中国水产航海事业的落后状况，陈嘉庚以“开拓海洋，挽回海权”为宗旨，创办了集美学校水产科。之后集美学校航海水产等海洋学科发展迅猛，规模不断扩大，人才辈出，成绩斐然，享誉海内外航运界和省内外水产界。到1935年5月，日军封锁了中国几乎所有沿海港口。集美水产航海学校内迁大田，因此出海实习困难。为了不使航海专才培养中断，1939年，陈嘉庚又在新加坡创办了南洋华侨水产航海学校。

1920年8月，陈嘉庚为了培育商业人才，创设了集美学校商科，后改建为集美商业学校。集美商业学校历经财经、轻工学校的沿革，一再扩大专业设置。20世纪80年代以来，学校进一步发展壮大，所培养的技术人才遍布全省各地各单位，以及行政部门。集美学校的师范和实业教育硕果累累，达到了陈嘉庚兴学育才、富强祖国的目的。

集美师范学校所培养的学生为闽南的教育事业做出了极大贡献。1934年，教育部曾评价集美师范学校“著有相当成绩，所造就之师资尚适合闽南及南洋各地之需要”，这无疑是对陈嘉庚兴办师范教育取得斐然成绩的肯定。

（二）重视女子教育

在封建社会"女子无才便是德"的落后思想制约下，女性在很长一段时间内被剥夺了受教育权。那时，闽南地区的女孩劳动负担非常重，除了帮忙做家务，还要上山捡柴火、下海抓鱼虾，家中稍有条件也是让男丁入学读书，因此对女孩来说，根本没有入学的机会。陈嘉庚自小目睹家乡教育的弊端，尤其关注女性受教育的困境，因此在返乡兴学时决定开设女子小学，让女性也享有受教育的权利。1917 年 2 月，集美女子小学开学，近 60 名女童踏进校门。为了动员各家送女孩子入学，免除他们的费用困扰，当时学校规定：入学女生一律不收学费，每位学生每月还有津贴银元一元或二元。1921 年春，集美女子师范部成立。此后，又陆续创办幼师、女中等女校。此举对传播男女平等观念、提高妇女地位具有深远意义。

（三）崇尚科学

陈嘉庚注重科学发展，他在《文化与国家关系——星福建会馆举行改组四周年纪念会上之演词》中说道："当今之世，战争侧重科学化，敌寇以犀利之枪械飞机大炮，坦克车等军用品，其炸力之雄无力复加，如果徒以血肉之躯，与敌拼命，恐终归于失败耳。故欲抵抗强寇，必万众一心，于物质之外更求救国保种之道，各尽其能，方有济也。"[①]所以他强调科技发展的重要意义，创办大、中、小学教育，都是为了让我们国家的教育能跟上世界的脚步。

（四）传承文明

陈嘉庚认为，对一个国家、一个民族来说，教育是一种文明的传承。"侵略者得以灭人国家，占人土地，终不能灭人之固有文

---

① 《南洋商报》1933 年 3 月 17 日，收录于《陈嘉庚教育文集》第 205 页。

化。世界任其如何变动，我国固有之文化精神，万不能残缺，此理甚明也。故吾侨之责任，对国家之义务，应如何补助，对教育之维护，应如何尽其力量，我国前途，方有一线希望也。……将来世界如何变动，祖国当局，无论走哪条路，亦须保留我国文化，乃能维持民族精神，盖今日一人能保存文化，即他日千万人之文化，赖以保存，而传播于无穷也。故际此千钧一发之时机，我辈对固有文化，岂可不思保存，对教育前途，岂可不思维护乎。”①在《闽省教育——欢迎厦门男女篮球队茶会上致欢迎词》一文中，他也强调这一点：“然吾民族赖以维系于不堕者，统一之文化耳。今日一人之文化，则他日可传千人万人之文化。昔波兰为强邻所灭而今日得以复国者，为能保存其民族之文化故也。”在他看来，文明应是一个民族得以长久维系而独异于旁的民族血脉，教育之首要目的乃是将国家民族于数千年历史中形成的独特中华文明传承下来。

二、“诚毅精神”对华侨兴学的影响

陈嘉庚对青年学子抱有深厚的期望，希望学生能成为对社会有用的栋梁之材。他说：“教育非仅读书识字，而尤以养成德性裨益社会。”1918 年创办集美师范和集美中学时，他就与胞弟陈敬贤共定“诚毅”二字作为校训(图 3-1)，镌匾公布于校内，示学生以修身立德之道。1920 年 5 月 8 日，陈嘉庚在集美学校第二次运动会上的演讲词中，当众重申办学德、智、体“三育并重”。20 世纪 20 年代，陈敬贤在主持校务时，也主张应培养“有道德、重实际为根本”的学生，他认为，如果在教育中仅仅注重学生的智育工作而忽视了道德教育，就像人的身体只有肉身而没有灵魂一样。因此，他不断强调“集厦两校”要以德化为教育的基础。

---

① 中共厦门市委党史研究室：《陈嘉庚研究之三·科教兴国的先行者陈嘉庚》，北京，中央文献出版社，2001，第 258 页。

图 3-1　集美学校校训“诚毅”

资料来源：集美大学陈嘉庚研究数据库

自陈嘉庚与胞弟陈敬贤在 1918 年将“诚毅”确立为集美学校的校训起，“诚毅”二字即已融入集美学校的精神内核中。集美学校广大师生秉承“诚毅”校训，将其内化于心，外化于行，在学习生活中诚以待人，毅以处事。

纵观陈嘉庚先生的舍家兴学史，我们可以看到，陈嘉庚先生终其一生不断地用行动践行着这一“诚毅”精神。他将投身教育作为毕生事业并为之不断努力，在公司章程里曾说“不为教育奋斗非国民”。他要求自己生活简朴，而对于祖国的教育事业却倾尽所有，将闽南打造成一片教育的热土。这正是其“诚毅”精神的最好体现。

时光飞逝，年轮流转。陈嘉庚先生播撒下的“诚毅”精神在浔江畔生根，并由集美生发开去，潜移默化地影响了其族人及广大华侨。广大华侨在“诚毅”精神的引领下，不忘乡梓，先后返乡考察，分别以对口捐建、现金资助、设立专项基金等方式积极支持家乡教育事业的繁荣发展，极大地促进了祖国教育事业的现代化发展。

第四节 当代华侨(侨眷)捐资兴办教育的其他重要人物及其业绩

一、陈敬贤

陈敬贤(1889—1936)，是著名爱国侨领陈嘉庚先生的胞弟。1913年，陈嘉庚为开发民智、改进社会，始创集美小学，却面临师资短缺的困难，经过考察，发觉闽南小学同样奇缺师资。陈嘉庚同胞弟陈敬贤反复研讨以后，认为“以救国大计，端赖教育”，于是决心创办师范学校和中学。

1916年10月，陈嘉庚委派陈敬贤返回故乡，筹办集美学校。1917年5月，陈敬贤亲赴浙、赣、鲁、冀、皖等省考察教育，聘请校长和教师。陈敬贤每日黎明即起，亲自巡视、督建居仁楼、尚勇楼、立功楼诸校舍，以及大礼堂、大操场、电灯厂、贮藏室等等。1918年1月，主校舍居仁楼、尚勇楼落成。1918年3月10日，集美学校师范部和中学部同时开学，师范生招3个班，中学生招2个班。陈敬贤亲致开学词，同时与胞兄陈嘉庚共定“诚毅”校训，颁布教职员服务简章等。学生膳宿费全免，被褥枕席、书籍用具也都由学校供给。同年5月，校长王绩辞职，陈敬贤再赴江浙地区考察教育，聘侯鸿鉴为第二任校长。同年6月，“校主住宅”竣工，成为陈嘉庚、陈敬贤轮流回乡主持扩建学校、发展教育事业的住所。同年年底，校舍立功楼和大礼堂、大操场、电灯厂、自来水塔、浴室、贮藏室等一批公共建筑落成，为师生的教学、生活提供了良好的条件。

为了打破女性不得入学的封建枷锁，陈敬贤夫妇深入学生家庭动员，解决女童入学的实际困难。1917 年 2 月，陈敬贤增设了集美女子国民学校，并开办织布厂，使部分妇女实现就业。

1919 年 4 月，陈敬贤南渡接理陈嘉庚公司重任，因操劳患病，于 1921 年 12 月回国调养，后于 1922 年 5 月至 1923 年 2 月到日本治病，元气渐复后返校，继续主持集美学校、厦门大学校务。

1925 年 5 月，陈敬贤支持胞兄陈嘉庚创办集美学校农林部，以富民强国为宗旨，先后与校长叶渊、建筑部主任王卓生等人，亲赴同安县仁德里洪塘社考察，购置附近久荒田地，筹建校舍、牧舍、试验场等。1926 年，集美学校农林部开学。

二、陈文确、陈六使兄弟

陈文确(1886—1966)，福建集美人，出身于渔家，在兄弟七人之中排行第三，父母早逝；陈六使(1897—1972)，排行第六。1904 年，陈文确南渡新加坡谋生。1916 年，陈六使亦赴新加坡投靠兄长。兄弟俩经过 20 多年打拼，成为新马地区橡胶界的翘楚，家族各项事业兴旺发达。

陈文确、陈六使与陈嘉庚都是集美社陈氏一世祖陈煜(谥素轩)的后裔，同根同源。他们有着相似的人生际遇，都出生和成长在晚清王朝孱弱无能、列强侵略、军阀割据、民不聊生的时期，出国后又都深受居留地殖民主义统治者对华侨的歧视、排斥、欺凌与打击。他们都渴望中华振兴、祖国强盛、人民安居乐业，海外华侨华人的地位能够不断提高。因此，他们在事业成功之际都心系故土，不忘回报祖国。

陈嘉庚倾资办学过程中遇到困难时，陈文确、陈六使家族总是尽心尽力筹资支持。1929 年以来，陈嘉庚的公司遭受世界经济危机的持续冲击，损失惨重，不得不于 1931 年秋被迫接受银行财团的条件，由银行财团投资一部分，并将当时原公司资产折值 200

余万元作股，改组为“陈嘉庚有限公司”。银行财团派人重组董事会，陈嘉庚仍任总经理，但是，补助集美学校、厦门大学两校的经费，每月被限定不得超过叻币 5 000 元(折合国币 7 000 元)。而陈嘉庚在 1919 年至 1928 年的 10 年间为集美学校、厦门大学两校捐助设备、经费总计 710 余万元，平均每年 71 万余元，每月 6 万余元，因此每月被限定的 7 000 元仅占原来实际开支的 1/10 左右，是远远不够的。因而，集美学校、厦门大学两学校进入了办学以来经济最困难时期。陈嘉庚为了保住学校，多方筹措，向亲友募集 35 万元，其中陈六使慷慨资助 15 万元，才使两校得以勉强维持下来。

1933 年 6 月，因陈嘉庚有限公司上年度各厂亏损，董事会议决定将各橡胶厂停产出租，外地分店均行收盘。陈嘉庚为了集美学校、厦门大学两校不得不改变策略，将马来西亚的 8 间橡胶厂出租给亲友，再以得利抽成资助两校经费。其中，益和公司总经理陈六使承租了麻坡橡胶厂，议定扣除应付的利息后，工厂所获利益不取分文，全部充作集美学校、厦门大学两校经费，以支持陈嘉庚办学。

1934 年 2 月，陈嘉庚有限公司收盘后，陈嘉庚经济更加困难，他再次为设立厦门大学基金而集资，陈六使积极支持，捐助近 5 万元，计筹资 16 万余元，在柔佛购买胶园 400 多亩，将其收益作为厦门大学基金。抗日战争时期，集美学校内迁，校舍遭敌轰炸损失惨重。为及早筹划修理校舍费用，以便胜利后学校能尽快复课，陈嘉庚于 1939 年 8 月 4 日，在新加坡发表《为复兴集美学校募捐启事》，提出向南洋各地集美校友和闽南同乡募集资金。陈六使既是集美校友，又是集美族亲，他首先响应，立即委托上海华侨银行，代购公债券约 100 万元，以每年利息约 6 万元捐作集美学校基金。1940 年，陈嘉庚回国慰劳抵达重庆后，知悉战事不能很快结束，修理集美校舍为时尚早，便将陈六使所捐约 100 万元公债券，投资中国提炼药厂股份公司，将所得利润作为集美学校基金。

陈嘉庚倡办、福建会馆试办的新加坡南洋华侨水产航海学校，于 1940 年春经济发生困难时得到陈文确资助。1941 年年初，陈嘉庚联络各帮侨领在新加坡创办南洋华侨师范学校，陈六使与陈贵贱、陈延谦等共捐约 20 万元，支持南侨培育师资。

1942 年 1 月，新加坡时局紧张，陈六使兄弟听从陈嘉庚劝告，转移资财回国，备为战后发展桑梓实业，先后两次交陈嘉庚国币近 700 万元，以赈款名义汇回国内，交国民政府财政部转闽南救济会集美学校陈村牧收，并热忱示意该款“集美学校如需用，可以支取”，令陈嘉庚深为感动。后来，集美学校将此款领出，用于投资在福建临时省会永安创办的集美实业公司和集友银行，将每年盈利提成补助集美学校经费。陈六使家族以实际行动关心集美学校的发展，尤其是在陈嘉庚经济发生困难，集美学校、厦门大学两校处于窘境之时，毅然慷慨捐输，在集美族亲与校友中有口皆碑。所以，1941 年 1 月集美学校董事会重组时，陈六使家族的代表陈文确被增聘为校董。

陈六使家族积极投资，并一再增资国内和香港集友银行，并非为谋个人或家族私利，而是竭诚支持陈嘉庚所兴办的集美学校教育事业，为祖国培养建设人才。因此，陈六使将其在集友银行应得股息、红利全部捐献给集美学校，这批资金有力地推动了集美学校教育事业的发展。

抗日战争胜利后，陈六使一方面恢复发展自己的橡胶业，另一方面也支持陈嘉庚校主恢复实业，因为只有义成等公司顺利经营，才能解决集美学校被日军摧毁部分校舍的修葺费用。新中国成立后，陈嘉庚回国定居，当时政府未能顾及修葺、扩建集美学校和厦门大学校舍所需巨款，集美学校的修建多由陈六使资助。陈嘉庚建设新集美学村也依靠了以陈文确、陈六使昆仲为主的侨亲的支援。

陈文确、陈六使的功德，陈嘉庚铭记于心。1942年2月3日，日军南侵，陈嘉庚在逃离新加坡的途中尚未考虑个人安危，而对于教育费用仍牵肠挂肚。抗日战争期间，陈六使为资助集美教育而致自身家产遭受损失，故陈嘉庚给陈村牧的信中写道："六使君之慷慨宏量，为余万分钦佩。余为劝他汇款到祖国，致了(损失)新加坡币八十余万元，又被义成欠五十余万元，两条计百余万元，损失其家资几达半数之多。他不但无一怨言。尚再极力帮助，余实铭感无任。"

三、李光前

李光前(1893—1967)，陈嘉庚的女婿，虽然身在新加坡，但始终热爱祖国、眷恋桑梓，为加快家乡建设、发展家乡的教育及公益福利事业做出了极大的贡献。对陈嘉庚一手创办的厦门大学及集美学村，李光前始终予以大力支持。他捐出巨资，用来帮助陈嘉庚修复被国民党飞机炸毁的厦门大学校舍和扩建学校。从1951年到1954年，厦门大学先后建成各类楼房24幢，相当于新中国成立前全部校舍的数量。其中有建南大礼堂、图书馆(成智楼)、生物馆(成义楼)、物理馆(南光楼)、化学馆(南安楼)、教工宿舍数栋、学生宿舍数栋、厦大医院(成佛楼)及海水游泳池和占地约10万平方米的大操场等。此外，李光前又与陈嘉庚、陈六使等先后捐资近280万港元，修葺集美学村被国民党飞机炸毁的校舍，增建了一些建筑。1961年，陈嘉庚去世后，李光前捐资70多万元，与其他100多名爱国华侨共同集资约300万元，在泉州华侨大学兴建了陈嘉庚纪念堂。

李光前一生好学，尤其推崇具有悠久历史的中华优秀传统文化，对于传播中华文化和兴办教育总是不遗余力地支持。1932年，《南洋商报》从陈嘉庚的公司里分离出来，改组为有限公司，李光前与他的弟弟李玉荣等人任公司董事。李氏兄弟齐心协力，陆续增加对该报的投资，扩大报纸的版面。《南洋商报》不仅报道世界各地的经济贸易情况，提供信息以帮助华侨商人经营，还积极宣传中华文化。于国难当头之际，《南洋商报》有力地配合了陈嘉庚领导的南洋华侨筹赈祖国难民总会的工作。新中国成立后，《南洋商报》对国内经济建设的实际情况进行了客观的报道，在海外产生了较大影响。

抗日战争全面爆发后，李光前积极参加南洋华侨筹赈祖国难民总会筹备工作，担任首届常委，并踊跃带头参加筹赈活动。1943年，日军南侵，新加坡沦陷，李光前被迫羁留美国。他虽游居异国，却念念不忘祖国的抗日事业，积极发动侨胞捐款，救济祖国抗日伤员和难民。他在新加坡的产业全被日军没收，为使家乡国光中学书声不辍，李光前甚至典卖衣物充当学校经费，他致信友人说，“远处国外，在祖国办教育也可略尽国民义务”。

1965年2月，李光前因患肝癌到上海就医，受到了周恩来总理的亲切会见和慰问。周总理赞扬了他在兴办教育、关心社会公益事业方面所做的工作，尤其高度评价了他为促进华人与当地各民族友好相处、鼓励华人为所在国的建设贡献力量所做的不懈努力，并与李光前夫妇合影留念。

1967年6月2日，李光前再次病发，抢救无效，于新加坡病逝。当时新加坡各界为他举行了隆重的葬礼，其事迹被载入中国现代国际关系研究所编著的《世界人物大辞典》《新加坡南安先贤传》《南安县志》等书。

四、黄克立

黄克立(1910—2004)，福建泉州人，曾就读于厦门集美学校，后在厦门大学修读经济，毕业后被聘为集美学校和厦门大学会计主任。厦门大学会计主任在当时是一个相当重要的职位，全校开支只有经过会计主任同意，才能上报校长，会计主任的权力相当大。

黄克立任职时间虽然不长，但深受陈嘉庚和校长萨本栋的赞赏。其后又任泉州税务局局长，后调往台中市。

后来，黄克立离开台湾地区。1947 年，在陈嘉庚先生的举荐下，黄克立到其创办的香港集友银行工作，任副经理。1955 年，黄克立大力推动成立海外信托银行，任董事。之后，黄克立又参股成立工商银行，任副董事长。

20 世纪 60 年代末，黄克立创办了永固纸业有限公司，任董事长。同时，他又是股市投资高手，在 20 世纪 70 年代初的股市高峰，他与嘉年地产彭国珍等人，趁物业地产低潮大量购入物业，并扩展至证券业、纸品包装业、仓库业及保险业等行业。20 世纪 80 年代，他除扩充厂房外，又耗资 2 000 多万元，发展彩盒业务，促使香港彩盒包装蓬勃发展。黄克立曾任永固纸业有限公司、大正有限公司、大正国际有限公司、重信投资有限公司董事长，东华三院总理、顾问等职；1979 年，担任福建省政协委员；1983 年，担任第六届全国政协委员；1988 年，担任第七届全国政协常委；1993 年，当选为第八届全国政协常委。

2004 年 5 月 1 日，黄克立先生在香港逝世。

五、陈共存

陈共存(1918—2015)出生于厦门集美，是爱国侨领陈嘉庚胞弟陈敬贤的独生子。1916 年，陈敬贤遵照陈嘉庚的决定，由新加坡回到故乡集美开办学校。陈共存先生 1918 年 11 月 2 日出生于集美，少年时代在集美学校求学，17 岁进入厦门大学历史系。后来，他随母亲王碧莲定居新加坡。1940 年，陈共存开始经商，先后从事橡胶、茶叶、纺织品、木材的进出口贸易和房地产业，并取得了一定的成就。1958 年至 1987 年，陈共存长期在新加坡中华总商会服务，担任过四届会长和四届副会长，为扩展新加坡的经济事务，推动文化教育和社会福利事业发展，做出了重要贡献。

陈共存热心公益，为推动教育事业不遗余力。他曾任华中初级学院、华侨中学董事会主席，同时也是新加坡科学馆主席。

陈共存先生对家乡有着深厚的感情。从 20 世纪 70 年代末开始，他每年必返故里或者到国内其他地方 1～2 次，每次回乡均受到市、区政府的热情接待。他非常关心家乡的建设和族亲的生活及就业问题。为弘扬陈嘉庚先生爱国爱乡、倾资兴学的精神，促进中国科技和教育事业的发展，1987 年 8 月 3 日，陈共存先生致函中国科学院周光召院长，提出在中国设立陈嘉庚科学基金会，参照诺贝尔奖的评奖办法，表彰在数理科学、地球科学、生命科学、技术科学、农业科学和医药科学 6 个领域获世界先进研究成果的中国科学家，激励他们勇攀高峰，振兴中华。陈共存先生从公司的盈利中提取一部分资金(每年不少于 30 万元)，成立了陈嘉庚基金会，并以陈嘉庚家族代表的身份，敦聘中国科学院、中国科技大学、北京大学、清华大学、厦门大学、中山大学、复旦大学、国防科技大学的科学家和集美校委会的代表，于 1988 年 1 月组成理事会。

1993 年 10 月，陈共存回乡参加纪念陈嘉庚创办集美学校八十周年活动，看到厦门的变化与进步，他兴奋地说，自从改革开放以来，中国的进步与繁荣人们有目共睹，海外的华人更是为之振奋。他关心集美大学的筹建和华侨博物院的发展，提出华侨博物院的展览内容既要全面又要避开历史敏感问题，要通过展览让海内外年轻一代了解海外华人艰辛的创业史。他建议把集美学校办成规模宏大、在国内外都具有一定影响力的大学，并对大学的专业设置、学科建设、发展规划提出了具体意见。

六、李尚大

李尚大(1920—2008)，幼时在家乡安溪县慈山小学读书，后升入厦门双十中学和集美学校，后就读于福建学院及暨南大学。大学毕业后，李尚大于1947年出任安溪蓝溪中学校长，后在厦门与人合资经营太平进出口商行。他于1948年9月前往中国香港，在中国香港度过了一段艰辛的生活。李尚大曾任厦门大学及泉州华侨大学董事会董事、集美大学董事会副主席、世界安溪乡亲联谊大会董事长、泉州黎明大学董事会董事长等职务。2004年4月，福建省人民政府授予李尚大先生“福建省捐赠公益事业突出贡献奖”。

李尚大一生崇敬陈嘉庚，他在集美学校读书时就深受陈嘉庚先生爱国兴学精神的熏陶。1996年8月，集美大学董事会成立时，李尚大先生在写给福建省原省委书记贾庆林、原省长陈明义的信中说：“我是集美学校哺养长大的，陈校主是我最钦敬的人。他伟大的精神和崇高的品德，影响了我的一生。他教我做好人，做对社会有益的人。他教育我、引导我，我是追随着他的足印一步一步地向前走的。”李尚大先生倾力捐资兴学的壮举，正是他实践“嘉庚精神”的生动体现。他在安溪创办的慈山学园，在规制上类似于集美学村；他为慈山学园制定的“慈毅明道”校训，与陈嘉庚为集美学校亲定的“诚毅”校训一脉相承。

为了弘扬“嘉庚精神”，1993年，李尚大先生向福建省政府倡议在集美学村原有的集美航海学院、厦门水产学院、福建体育学院、集美财经高等专科学校和集美师范高等专科学校5所高校的基础上合并组建集美大学。1996年集美大学成立董事会时，李尚大出任副主席，带头捐资。他还先后支持创办集美大学工商管理学院、诚毅学院，陆续捐建集美大学行政楼、国际学术交流中心和生物工程学院大楼等。当得知集美大学创办独立学院需要资金时，他和王景祺先生一起积极筹划募集诚毅基金。这些校董不仅全力出资，还抽出时间关心诚毅学院的建设。诚毅学院约28万平方米新校区的建设只用了不到3年的时间就全部完成。短短几年，诚毅学院发展很快，2007年、2008年毕业生就业率均超过90%，受到了社会各界的广泛认同和欢迎。可以说，没有李尚大先生的关心，就没有集美大学今天的进步和成绩；没有李尚大先生的支持和帮助，就没有诚毅学院今天的发展和兴旺。

由李尚大先生捐建的集美大学行政楼“尚大楼”和生物工程学院(今海洋食品与生物工程学院)大楼“灿英楼”，将连同李尚大先生践行“嘉庚精神”的丰功伟绩一起，永远矗立在集美大地上，永远铭刻在每一位集大人心中。

七、吕振万

吕振万(1924—2015)，又名吕辛，福建省泉州市南安水头镇人，1946年毕业于私立北平朝阳学院(系中国人民大学前身)[①]经济系，1951年春旅居海外，从事工商业。他历任香港建南财务有限公司主席兼常务董事、香港厦门联谊总会永远名誉会长、香港安全货仓有限公司(上市公司)主席兼常务董事、香港建南财务有限公司主席兼常务董事、香港蟠龙实业有限公司主席、香港闽信集

① 1929年朝阳大学更名为“私立北平朝阳学院”，1949年新中国成立后由人民政府接管，更名为“北平政法学院”，后易名“中国政法大学”。1950年2月，原中国政法大学与原华北大学合并成立中国人民大学。

团有限公司(上市公司)董事等职，先后在福建省创办数十家“南”字号的现代化企业工厂，1991年回家乡斥巨资开发建设蟠龙工业综合开发区。

教育很重要，这是吕振万先生一生悟出的真谛。他始终认为，人才是经济发展的根本，要走“教育科技人才经济发展”之路，将兴资办学、培育人才视为人生宗旨。他主张“扶贫先扶智，兴企当兴学，育才不分地域”。他说：“看到东南亚的华侨，凡是受过教育的人，个个都发财了，没有受过教育的人就差点……这个富贵啊，好像云一样飞来飞去，我今天有钱，明天不一定有钱，可是我的学问、我的学术上的地位是永远的，这个我是看得比较长远一点。”

正因为对教育有很深的认识，吕振万在回国投资的同时，对家乡落后的教育状况忧心忡忡。从1990年开始，吕振万先生连续在南安的东田、翔云、眉山、蓬华等贫困山区捐资400多万元，兴建教学楼25幢，建筑面积近2万平方米。仅南安市就有16个乡镇得到捐助，兴建教学楼110多座，教室1 400多间。20余年间，吕振万先后在国内捐资港币1.5亿元以上，建造校舍150多所。吕振万先生继承并发扬了陈嘉庚先生爱国重教的传统，为我国特别是福建的教育事业做出了杰出贡献。2000年12月19日，陈嘉庚、陈宝琛、梁披云、吕振万被《福建日报》评为“八闽四大杰出教育家”。

除了在家乡兴资办学，吕振万更是在多所高校和中学设立奖学金。他捐建集美大学吕振万楼、华侨大学海外侨生公寓、培元中学综合大楼，扩建福建师范大学吕振万楼，捐赠香港大学教研发展基金、资助设立中医药学院客座教授席位等，曾被聘为香港大学名誉大学院士、中国社会科学院研究生院名誉教授，同时担任中国人民大学、厦门大学、武汉大学、福建师范大学等多所知名高校的客座教授。

为表彰吕振万长期以来对福建教育事业的支持和贡献，福建省人民政府先后三次为其颁发“捐资兴学”金质奖章，并在培元中学、南星中学立碑表彰以昭后人。

“我生长在祖国大陆，时刻记住自己是一个中国人，我有个愿望，一旦事业有成，定要效仿南通状元公(张謇)，一在家乡捐资办教育，二在祖国投资办厂，以尽绵薄之力……我还会朝这条路走下去，捐资办学、投资办厂，为国家的现代化建设贡献一份力量。”吕振万的这一席话，道出了他对祖国、对家乡的一片赤子之情。

第五节　华侨创办的教育慈善机构、基金会(金融机构等)

一、集友银行

集友银行为爱国华侨陈嘉庚先生创办，1947 年 7 月 15 日在香港正式开业。截至 2023 年年底，集友银行总资产达 1 846 亿港元。该行的创立体现了陈嘉庚先生倡导和实践的“教育为立国之本，兴学乃国民天职”和“以行养校，以行助乡”的宗旨。创行以来，集友银行见证了我国香港地区的兴衰与繁荣，历经风雨，砥砺前行。

1934 年，嘉庚公司收盘后，集美学校的经费发生困难。陈嘉庚先生着眼于长远，发动海外亲友、华侨募捐及集资，创办了香港集友银行，用银行的盈利，补集美学校经费之不足。

集友银行为香港第 39 家注册的银行。当时集友银行的注册资本为 10 万港元，首任董事长为陈嘉庚先生的族弟、新加坡侨领陈六使先生，董事会聘陈嘉庚先生的次子陈厥祥任总经理。

1998 年，亚洲金融风暴以来，香港银行业竞争日趋激烈。集友银行规模小、压力大，但在董事会与吴文拱总经理的领导下，全行员工努力拼搏，与时俱进，参考国际先进银行的管理经验，采用新的银行组织架构和管理方法，取得了难能可贵的成绩，每年都能完成香港中银集团下达的目标任务。集友银行经历了无数次危机和考验，其主要经营业绩和财务表现喜人。集友银行对维护和发展陈嘉庚遗业起着重要的财政支撑作用。

集友银行坚持以高质量发展为主线，高擎华侨金融旗帜，充分发挥跨境平台优势，积极主动地融入国家发展战略，重点为“走出去”及“引进来”侨商侨企搭建跨境金融平台。

集友银行始终牢记本行“以行养校，以行助乡”的创办宗旨，坚定不移地弘扬嘉庚先生伟大的爱国主义精神、教育兴国思想和回报社会理念，推进银行经营发展与履行社会责任有机融合。

二、李氏基金会

李氏基金会由李光前于1952年成立。

1952年，李光前决定抽取一定比例的企业利润作为公益事业专用经费，设立“李氏基金”，该基金由基金委员会负责保管，所有收益都用于教育慈善公益事业。该基金约有2亿元(新加坡币)，占其财产大半。

1964年，李光前又将其名下的全部南益股权(即总股份的48%)悉数捐献给“李氏基金”，使“李氏基金”成为南益集团最大的股东，每年所得的股息全部用于永久的教育慈善公益事业。李光前用他的大半财产设立了“李氏基金会”，积极捐助文教及社会公益事业。

直到1967年李光前逝世之后，李氏基金会依然遵照他“取诸社会，用诸社会”的意愿，捐款支持各项科技文教活动。

1994年4月，李氏基金会主席李成义(李光前之子)向马来西亚南方学院捐献建校基金，极大鼓舞了马来西亚华文教育界人士。

1995 年，李成义捐赠人民币约 100 万元，帮助集美大学设立学科建设基金。他说：“这几年，我们要把先父在南安创办的国光中学和在厦门大学建的几幢楼修建好，然后再安排集美大学的，请你们给我一些时间，大概三四年。”

1996 年，李氏基金会又主动向集美大学学科建设基金捐赠人民币约 100 万元。李成义还委托李成枫的女儿李织霞同她的先生吴定基从新加坡来厦门，实地考察集美大学的发展情况。

1999 年，李成义答应捐建集美大学体育学院，李氏基金会捐赠 400 万港元，帮助集美大学兴建一座综合训练馆。

2000 年，集美大学辜建德校长到新加坡拜访李成义，他又允捐 400 万港元，帮助集美大学建设现代化的图书馆。至此，李氏基金会在集美大学的投入已达上千万元。

2001 年，集美中学得到新加坡李氏基金会主席李成义等人的巨额捐赠，开始筹建综合大楼。这幢综合大楼占地 3 000 多平方米，总建筑面积约11 000 平方米，总投入 1 500 万元。一层、二层为体育馆、礼堂，三层至七层为学生公寓，可容纳 1 000 名学生住宿。李尚大在信中说：“李氏基金会总裁李成义先生，对陈嘉庚先生的遗业，有无限的爱心，此乃世人共知。我不自量力，冒昧向他陈情。幸蒙李成义先生理解，他认捐了巨款，使全部经费得到落实，这样就可以帮助集美中学圆进入全国千所示范性高中的梦。李成义先生热心教育，急公好义，令人感动！”

2011 年 5 月 2 日，李成义在给集美大学原校长、董事会秘书长黄金陵教授的复信中称：“贵校为提高办学层次、办学水平的实际需要，拟将本基金前年和去年两次捐赠集美大学的款项作为基础，设立‘李氏基金会集美大学学科建设基金’以存本取息，专门用于支持集美大学各学院的重点学科建设和奖励在学科建设上有突出贡献的学术带头人，以及中青年骨干教师，用意至佳，同人对该章程(征求意见稿)表示赞同。”

2011年，集美大学党委书记张向中和校长苏文金收到新加坡李氏基金会主席李成义的来函。李成义主席来函称，李氏基金会决定捐资新加坡币1 000万元，每年200万元，支持集美大学应时代之需创办国际学院，以培养具有国际视野的人才。为纪念李氏基金会创始人李光前的夫人陈爱礼女士，学校决定将此学院命名为“集美大学陈爱礼国际学院”(即海外教育学院)。自集美大学组建合并以来，每年李氏基金会都为大学捐款。此前集美大学教育发展基金会已累计收到李氏基金2 136万元人民币的捐款，用于设立“李氏基金会集美大学学科建设基金”，兴建集美大学综合训练馆、嘉庚图书馆、光前体育馆等。

李氏基金会多年来一直传承和发扬陈嘉庚“爱国爱乡、倾资兴学”的精神，秉承“取诸社会、用诸社会”的宗旨，数十年如一日，呕心沥血、兴学办教、乐育英才，为侨居国和祖籍地的文化教育事业做出了巨大的贡献。

第六节　当代侨乡教育发展新貌

一、百年集美小学：教泽绵长、“三立”勿忘

厦门市集美小学创办于1913年，是陈嘉庚先生最早创办的学校，以其悠久的历史和深厚的文化底蕴而享誉海内外。目前，全校有教职员工百余人，在校学生超2000人，是厦门市规模最大的小学之一。

集美小学地处集美学村中部，集美小学周围湖水环绕，波映层楼，树掩亭榭，环境清幽，是儿童理想的学园和乐园。矗立于校园的“三立楼”(“三立”即立德、立功、立言)是教学主楼。雄伟肃穆

的敬贤堂、古老的百尺钟楼陪伴了一代又一代孩子的成长，也见证了新时代集美的巨变。

集美小学全面贯彻党的教育方针，以“诚毅”为校训，秉持“锻造诚毅之师，培育诚毅学子”的办学目标，遵循“嘉庚精神立校，诚毅品格树人”的办学理念。注重德、智、体、美四育办学传统，加强学生素质教育，突出地域文化特色。集美小学课程设置有语文、数学、英语、信息技术、科学、体育、美术、音乐、地方、心理与健康、闽南语、书法、品德与生活、综合实践等。学校有可供2 000多人运动的体育场所，还成立了排球队、合唱团、舞蹈队等课外兴趣小组，丰富了学生的文体生活，同时经常举办各类活动，如校园读书节、科技节、艺术节等。

近年来，集美小学先后荣膺全国百强校、全国特色学校、全国校园足球特色学校、全国国际象棋基地校、全国青少年文明礼仪教育示范基地、福建省义务教育教改基地校、福建省义务教育管理标准化学校、福建省首批基础教育学科教学研究基地学校、福建省示范小学、福建省华文教育基地、福建省优秀少先队大队、厦门市教育系统优秀党建品牌单位、厦门市文明校园等称号。

二、百年集美中学：薪火相传、桃李芬芳

1918年3月10日，陈嘉庚先生创办的集美学校中学部开学。1926年9月，学校增设高中。1937—1946年，学校曾迁往福建安溪文庙、南安诗山等地。1946年1月，初中、高中迁回集美。

集美中学历史悠久，业绩辉煌，学子遍五洲，声名播四海，被誉为“中国名校”。1984年，集美中学入选福建省首批重点中学，2001年被确认为福建省普通中学一级达标学校。

集美中学与陈嘉庚故居、归来园、鳌园融为一体，依山傍海，

景色秀丽，四季如春。校舍南薰楼诸楼为典型的“嘉庚建筑”，也是地标性建筑。郭沫若先生赞曰：“鳌园博物大观百闻不如一见，鹭江集美中学万人共仰千秋。”

学校占地10万平方米，10多幢大楼设施先进，配备齐全，拥有全省中学一流的科学实验楼、室内体育馆、标准400米塑胶跑道运动场、套房式学生公寓等。陈嘉庚群雕、文化柱等构成了校园里独特的人文景观。新建成的高中部位于集美北部，占地10万平方米，2011年投入使用。

集美中学筚路蓝缕的发展历程，凝聚了几代学人的心血和汗水，也记录了值得骄傲的教育业绩。其中有历任校长——叶渊、叶振汉、陈村牧等先生的巨大贡献。此外，鲁迅、蔡元培、钱穆、马寅初、杜威等都曾莅校授课、演讲，他们不仅参与构筑了校园深厚的文化底蕴，也促成了人文精神传统文化薪火相传。

当下，集美中学依然恪守“慎选校长，广聘名师，严谨治校”的宗旨，积极实施“名师工程”，每年投入百万资金引进名师，雄厚的师资力量保证了高水平的办学质量。

集美中学富有爱国革命传统，被称为“革命摇篮”。丰富的革命教育资源，使集美中学成为省市德育基地、爱国主义教育基地和国防教育基地。

集美中学建校以来，培养了超5万名校友，造就了许多卓有成就的人才，如院士伍献文、邓从豪、蔡启瑞、张乾二、俞昌旋、李幼平，艺术大师黄永玉，著名画家谢投八、周碧初、胡一川，著名作家白刃，诗人鲁藜，著名音乐家蔡继琨，著名导演黄健中，著名作曲家李海晖，著名社会活动家黄长溪、陈共存、梁披云、丁文志、张祥盛，爱国侨领刘玉水、李尚大，著名慈善家李陆大，著名实业家黄克立、曾星如、洪贵仁、戴良川，著名计算机专家陈福接，著名航空专家林文郁，奥运教练黄德国，奥运会国手林绍洲、戴淑国，著名运动员黄柏龄、李有志、陈秋斌等。

集美中学锐意改革，不断创新：一是课改成果丰硕，激活课堂、研究性学习、个性化作文课题、网络实验班教改特色等已成为有影响力的“品牌”；二是素质教育成效显著，学生电视台和电视节目获全国金奖，校报《集美中学》获全国特别奖，学校文体活动、学生社团活动丰富多彩、成绩斐然。

学校开放办学，与海内外著名学校合作共建，招收侨生，成为华文教育的重要基地。集美中学继往开来，弘扬“嘉庚精神”，顺应时代发展，努力办成具有中国教育和文化特色的国家示范性中学，并争创国际一流名校。

三、百年集美大学：英才荟萃、再铸辉煌

已有百年历史的集美大学群楼巍峨，嘉木苍翠，芳华如歌。

集美大学地处福建省厦门市，是福建省“双一流”建设高校，是交通运输部与福建省、自然资源部与福建省、福建省与厦门市共建高校，具有博士学位授予和硕士推免生资格。

集美大学始于著名爱国华侨领袖陈嘉庚先生1918年创办的集美学校师范部和1920年创办的集美学校水产科、商科，迄今已有100余年历史。1994年，集美师范高等专科学校、集美航海学院、集美财经高等专科学校、厦门水产学院、福建体育学院合并组建集美大学。学校以“诚毅”为校训，在长期办学实践中坚持“嘉庚精神立校，诚毅品格树人”，在海内外享有广泛声誉。

截至2023年11月，集美大学总占地面积约1.56平方千米，校舍建筑面积约103万平方米，校园建筑特色鲜明，8栋嘉庚建筑为国家级重点文物保护建筑，新校区建筑群荣获“新中国成立60周年百项经典暨精品工程”。学校建有万兆高速校园网，图书馆现有

馆藏纸质文献 341 万余册，中外文纸质现刊近千种，电子图书 1 400 多万册，电子期刊 3 万余种。引进中外文数据库 65 个，自建特色数据库 5 个。

习近平总书记在任福建省省长期间担任集美大学校董会主席，先后多次到学校指导工作并提出系列重要指示，为集美大学的发展打下了坚实的基础，并为未来的改革发展指明了方向。

集美大学设有 20 个学院，在校生 31 000 多人，其中全日制本科生 27 400 多人，研究生 3 400 多人，国际学生近 500 人。现有专任教师 1 560 人左右，国家级高层次人才 31 人、省部级高层次人才 301 人、市厅级高层次人才 438 人。

学校学科门类较为齐全，涵盖经济学、法学、教育学、文学、理学、工学、农学、管理学、艺术学、交叉学科等 10 个学科门类。截至 2024 年 9 月，现有一级学科博士学位授权点 7 个、一级学科硕士学位授权点 17 个、硕士专业学位授权点 21 个。拥有福建省一级重点学科 8 个(其中特色重点学科 2 个)，水产、船舶与海洋工程 2 个博士后科研流动站。船舶与海洋工程、水产入选福建省“双一流”建设高校主干学科，船舶与海洋工程学科群、水产与食品工程学科群入选福建省高峰学科，航运与港口物流学科群、区域经济与管理学科群、闽台体育文化学科群、数理学科群入选福建省高原学科。

学校现有本科专业 77 个，其中国家级特色专业 4 个、国家级一流本科专业建设点 25 个、国家级“卓越”人才培养计划专业 6 个、国家级专业综合改革试点项目 3 个、教育部工程教育认证专业 4 个、教育部师范类专业第二级认证 6 个、省级一流专业建设点 24 个、省级特色专业建设点和省级专业综合改革试点各 11 个、省服务产业特色专业 8 个、省创新创业教育改革试点专业 6 个。拥有国家级教学团队 1 个、国家级实验教学示范中心 2 个、国家级虚拟仿真实验教学中心 1 个、国家级大学生校外实践教育基地 1 个、省级教学团队 12 个、省级实验教学示范中心 16 个、省级虚拟仿真实验教学中心 4 个。作为培养我国高级航海人才的重要基地，学校拥有目前世界上最大的教学实习船——“育德”轮，总载重达 6.4 万吨。

学校不断拓展社会服务的形式和领域，积极为国家和地方社会建设发展贡献力量，与近千家企事业单位建立了产学研合作关系。

学校积极推进教育对外开放，充分发挥地处“海上丝绸之路”核心区厦门的区位优势，积极服务国家“一带一路”倡议和参与金砖国家新工业革命伙伴关系创新基地建设，被授予金砖示范单位，并入选金砖国家新工业革命伙伴关系创新基地产业创新联盟。

2018 年 10 月，集美大学迎来百年华诞，校庆盛典上广大师生聆听了习近平总书记的贺信，他对集美大学未来的建设与发展提出了更高要求、寄予了热切期望。集美大学肩负新的时代使命，面临新的发展机遇。为把陈嘉庚先生创办的这所百年老校建设成为一流大学，集美大学的全体师生凝心聚力，以担当情怀和奉献精神，实现集美大学的强校梦想。

四、集美大学杰出校友：明志笃行、蔚为国光

建校百年来，集美大学培养了无数优秀的毕业生，在各个专业领域中建功立业，为中国的经济昌盛、文化繁荣、社会进步做出了极大的贡献。其中涌现出了诸多杰出的人才，为母校争得荣誉，这里仅选取几位代表性校友的事迹以飨读者。

(一)热爱文学的香港实业家庄重文先生

庄重文(1912—1993)，香港著名企业家。他崇敬陈嘉庚先生，

把“诚毅”当作一生为人处世的指南。他热爱母校，为母校贡献良多，一生留下许多传奇故事。

1912 年 10 月 19 日，庄重文出生于福建省惠安县山腰乡后楼村的一个乡绅之家。父亲庄采芳是清末秀才，学问渊博，是远近闻名的儒医，他给这个小儿子起名庄碧荣。

庄碧荣家后楼设有一所改良式的私塾，私塾所用的教材，除“四书”、《左传》、《诗经》及唐诗古文外，还有民国初期出版的教科书。1926 年秋，14 岁的庄碧荣成为集美高级水产航海学校第七组的学生，他热爱文学，非常关注时代风云和现实社会。

1926 年 11 月 27 日清晨，刚入学两个月的庄碧荣与其他同学一起乘小火轮跨海去厦门大学接鲁迅到校讲演。学生们簇拥着鲁迅，心情激动，不停地提出问题请教鲁迅。庄碧荣挤在最前面翘首望着鲁迅，好奇地问：“老师，你本姓周，你的笔名叫鲁迅，这个笔名有什么含义?”鲁迅回答道：“取这个笔名是受英语 Nothing 的启发，Nothing 意即‘没什么意思’‘没什么用处’。”鲁迅坦荡、幽默的回答在同学中激起一阵笑声。当天下午鲁迅做了题为《生活的意义与价值》的演讲，他结合当时集美学校学生自主意识的觉醒，抨击了北洋军阀，指出这些“自以为聪明的人”“把北方文化界弄得死气沉沉”。鲁迅的讲演给予了年少的庄碧荣极大的情感震撼和思想启蒙。从此，他以“重教育尚文明”为己任，为了明志，他把自己的名字改为“重文”。

虽然只有一面之交，但鲁迅对庄重文的激励与影响是巨大而深远的。他刻苦读书，勤奋写作。虽然最终没有以文学创作为事业，但他对文学的热爱初衷不改，对中国文坛的大师巨匠有着特殊的感情。1949 年，郭沫若、柳亚子等文化名人避居香港，庄重文在香港经商时，出于敬慕之情，时常登门拜访他们。1990 年，中国文坛大师夏衍、冰心九十高寿，巴金八十五高寿，艾青八十寿辰，庄重文特制数枚金盾，上刻“文坛泰斗”“诗坛泰斗”，委托儿子庄绍绥从香港到北京、上海，登门拜谒几位文坛大师，将金盾奉赠给他们。1987 年，庄重文提议并出资，由中华文学基金会创办一项青年文学奖——“庄重文文学奖”。作为一名企业家，庄重文对文学事业如此钟情，给中国文坛留下了一段佳话。

庄重文逝世时，全体获奖作家给他写了一副挽联：

慷慨一生千金轻掷培育天下英才不遗余力

峥嵘万代四海留名普惠八方文士永垂爱心

(二)海洋文学作家——宗良煜

2006 年，海洋文学作家宗良煜与他钟情的海洋永别了，但他留下的作品依然充满着大海的魅力。由海员到著名作家，辽阔的大海为他提供了创作的源泉。宗良煜是山东省泰安市文学戏剧创作研究室主任、中国作家协会会员、山东省作家协会委员、泰安市作家协会主席。1989 年，他从武汉大学中文系作家班毕业，被授予文学学士学位。1991 年，在由交通部、中国海员总工会颁发的文学大奖“海燕奖”获奖作品中，宗良煜的短篇小说集《蓝色的心》以其“深刻、全面而又艺术地刻画了 20 世纪 80 年代中国海员的精神风貌，深受广大海员的喜爱，在远洋运输系统有广泛影响”而名列榜首。

1977 年 2 月，20 岁的宗良煜来到集美航海学校学习。1978 年 8 月，他从学校毕业后，被分配到青岛远洋运输公司，开始了他的航海生涯。5 年海员的生活，为他日后提供了取之不尽的创作素材。

宗良煜 1982 年 3 月在《山东文学》发表处女作《海外孤星》之后，文学创作进入丰盛期，先后发表了长篇小说《与魔鬼同航》《泥淖》《红色舰队》《蓝色的行走》《天惑》《赤道》，短篇小说集《蓝色的心》，散文《泰山：一个民族的精神家园》，八集电视连续剧剧本《父辈》，长篇纪实文学《路》，长篇传记文学《崔子明》，中篇小说《白海》等20余部作品。

长篇小说《与魔鬼同航》是我国第一部反映中国海员劳务输出生活的长篇小说，也是中国文学领域内最早涉及此类题材的作品。该书于1989年荣获山东省委、省政府颁发的山东省首届“泰山文艺奖”，1994年又获山东新时期工业题材作品奖。长篇纪实文学《路》也在文艺界和社会上引起了较大反响，该作品获山东省新时期优秀报告文学奖。宗良煜的“中国第一部战争模拟小说”——《红色舰队》初版即发行5万余册，引起了社会各界的广泛关注。《文艺报》《中国青年报》《中国文化报》《北京晚报》《大众日报》《齐鲁晚报》《羊城晚报》《南方周末》等17家报纸及《军事文摘》等8家刊物发表了报道、评论、文摘，对其思想性、艺术性给予了充分肯定。1996年、1997年，山东省作家协会分别召开了“宗良煜长篇小说《蓝色的行走》作品讨论会”和“宗良煜长篇新作《天惑》研讨会”，评论家们充分肯定了这两部作品所达到的思想艺术的新高度，认为它们体现出了作者在文学创作上质的飞跃。

宗良煜的作品得到了老一辈海洋文学作家和评论家的肯定和褒奖。中国海洋文学的奠基人陆俊超曾指出：“宗良煜的作品以现代意识观照海洋，写出了海洋的真正底蕴和深刻的内涵，在我国的海洋文学中已是独树一帜。”曾获全国短篇小说奖的海员作家樊天胜说：“宗良煜以八十年代中国海员的现实生活，充分展示了东西方文化对比中的一代中国人的精神世界，从民族灵魂的角度刻画了人类的生命意义。新时期海洋文学作家中，他无疑已成为中坚力量。”

(三)极地之子——袁绍宏

曾任中国极地研究所副所长兼“雪龙号”船长的袁绍宏是中国许多年轻人崇拜的偶像，也是集美大学最杰出的校友之一。他被选为党的十六大代表，拥有上海市十大杰出青年、全国百千万人才入选者、全国先进工作者等一系列荣誉，享受国务院政府特殊津贴。他的事迹随着中央电视台、上海东方电视台、《人民日报》、新华网等媒体的大量报道和人们对南极、北极科学考察的高度关注而广为人知。

提起集美大学，袁绍宏总是充满自豪和感激。1998年10月6日，“雪龙”号首航厦门，受到厦门市政府、社会各界人士和母校师生的热烈欢迎。袁绍宏应邀回到阔别12年的母校，回忆起在集美大学度过的难忘岁月。在给集美大学的师生做报告时，他深情地说：“能够有机会在这里向老师、同学们做汇报，我感到万分荣幸。我深知今天取得的这一点点成绩，都是母校老师们辛勤培养的结果，如果没有母校老师们辛勤的培养，就没有我的今天。母校交给了我一把开启知识大门的钥匙，这把钥匙就是扎实的理论基础和吃苦耐劳、孜孜不倦的求知精神。我永远铭记校主陈嘉庚先生制订的‘诚毅’校训，永远铭记母校老师‘每一条船都是流动的国土，要爱这片国土，也要保护这片国土’的谆谆教诲，决心以优异的成绩报答母校的培育之恩，为极地考察事业做出贡献。我是从集美走向海洋的，我事业的起点在集美。”

1965年3月，袁绍宏出生在江苏省姜堰市。1983年9月，18岁的袁绍宏考入集美航海专科学校，学习海洋船舶驾驶专业。在学习中，他逐渐认识到强国必先强海。毕业后，他选择了国家海洋局东海分局，加入了科学考察的行列。

袁绍宏常年在地球的两极间奔走，但无论走到哪里，他都没有忘记母校，时刻关注着母校的发展。1998年10月，他和校友徐宁，不远万里，给学校带来了一块50多斤重的“南极石”，还向母校赠送了一批珍贵的纪念品。

1999年7月，他驾驶“雪龙”号赴北极考察，怀里揣着一面母校的校旗。当“雪龙”号顺利到达北极圈时，袁绍宏庄重地将签有我国极地科学考察队五位首席科学家和他本人名字的集美大学校旗插在北极。鲜艳的校旗在茫茫的雪地上显得分外耀眼。当时，随行的全国20多家新闻机构的记者争相用手中的摄影机、照相机记录下这珍贵的一幕。1999年10月，集美大学举行隆重仪式，李连亭教授受袁绍宏的委托，把这面具有特殊意义的校旗郑重地交给了辜建德校长。

第16次南极考察时，集美大学申请了一项省自然基金课题，袁绍宏作为课题组的副组长参与研究。当时作为科考队员随船做研究的邵哲平教授说：“袁绍宏很能干，在船员和考察队员中有口皆碑。他为课题研究也做出了重要贡献，为我们提供了不少帮助。”

(四)厦门民营外贸企业的领军人——吴亚强

1971年出生于福建省惠安县的吴亚强，1989年以优异的成绩考入集美财政专科学校财政学专业。毕业后，吴亚强先后在裕景兴业(厦门)有限公司、天安(厦门)地产投资有限公司从事财务工作，在中国福建国际经济技术合作厦门公司任部门经理。2002年7月，经历多年磨砺，已经颇具财务管理、资金运作、业务经营经验的吴亚强，牵头成立了厦门市嘉晟对外贸易有限公司，并出任公司的总经理。

厦门市嘉晟对外贸易有限公司在吴亚强的引领之下，主打出口贸易，兼做进口贸易，宽领域、多方向拓展业务。随着面向国际市场的外贸网络的迅速构建，公司风生水起，业务蒸蒸日上，2003年公司进出口额达4 100多万美元，2004年公司进出口额达8 800多万美元，2005年进出口额达14 000万美元，2006年进出口额达16 000万美元，实现了跨越式发展，并成为厦门市民营外贸企业的排头兵。公司成立以来，连续4年获得厦门市贸易发展局及厦门市外商投资局颁发的“厦门市进出口百强企业”奖项，2005年、

2006 年获评全国民营外贸进出口百强、福建第三产业 300 大企业、厦门建行分行级重点客户，获得福建省企业评估中心及福建省企业评价协会颁发的福建 AA 级信用企业、银行协会 2006 年“诚信信贷企业”等几十项荣誉称号，吴亚强也因此被聘为厦门外经贸协会副会长、厦门建设银行十大国际业务发展顾问。

以人为本、和谐发展，是吴亚强的经营理念，也是其领导下的厦门市嘉晟对外贸易有限公司的企业文化内涵。吴亚强对于人才有独到的理解，他常说：“人才人才，做人在先，才气在后；人才人才，做人在先，发财在后。”所以，做人修身、齐家治业，是他的追求。即使今天企业已经发展到了年贸易额十几亿元的规模，他也依然对人谦恭礼让。他将员工的生日、大事、家事牢牢记在心里。在员工不经意、还没有想起生日或正在为某件家事烦恼的时候，他一份暖透人心的祝福、关心就悄然而至了。他是员工心里的大哥，是温馨家庭中的家长。更重要的是，他始终关注每一个员工的发展。在他的带领下，一支素质优良、务实敬业、团结协作的外贸团队就此建成，成为公司的生力军！

在事业取得丰硕成果的同时，吴亚强不忘回报母校，他所领导的厦门市嘉晟对外贸易有限公司与集美大学签订共建协议，成为集美大学学生实习基地之一。

第四章

集美华侨在建筑艺术领域的独创

集美，依山傍海、景色秀丽，是全国著名的侨乡，孕育了被誉为“华侨旗帜、民族光辉”的陈嘉庚等爱国人士，他们虽身处异乡，却不忘桑梓之情，留恋着集美的风土万物，成为侨居地与故乡文化联结的纽带。他们倾资建设家乡的同时为后世留下了以“嘉庚建筑”为代表的独具特色的建筑艺术瑰宝，它们已经成为侨乡引人注目的文化标志。

第一节　“嘉庚建筑”：兼容并蓄、中外合璧

“嘉庚建筑”特指爱国华侨陈嘉庚先生在20世纪20—60年代于福建厦门集美学村和厦门大学兴建的融汇中西、贯通古今的建筑群。陈嘉庚先生怀着振兴祖国的赤子之心和对故土的反哺深情在家乡倾资兴学，亲自主持并参与校舍的设计与建设。由此，“嘉庚建筑”被载入我国近代建筑史。

传统“嘉庚建筑”之“兼容并蓄”，是在尊崇民族性的基础上，充分吸收多元风格的精粹，博采众长，为我所用；“中西合璧”是指“嘉庚建筑”既具有闽南红砖民居特征，又具有欧式西洋风格，中西杂糅，具有独特的魅力。“嘉庚建筑”的建筑风格是中外文化交流的产物，凝聚着中外优秀文化的精华。

随着社会经济的迅速发展，文化遗产的保护越来越受到世界各国政府和学术界的关注与重视。1988年，集美鳌园被国务院列为全国重点文物保护单位。2006年，集美学村的早期“嘉庚建筑”也被列为全国重点文物保护单位。

融汇中西的建筑风格是传统“嘉庚建筑”在外部形式上最显著的特点，这不是单体楼中欧式屋体与闽式屋檐的简单结合，而是表现为：居中的建筑以西洋建筑的体量组合与闽式屋顶相结合，以此彰显本土文化的正宗地位；两侧的建筑则采用西式的建筑风格。

“嘉庚建筑”，无论是西式建筑物还是中西合璧式的建筑物，都大量使用具有闽南风格的地方材料，且墙身是以传统的雕饰技艺装点西洋体量组合的。就布局而言，传统“嘉庚建筑”采用“一主四从”的构造手法：建筑以五幢为一群，居中的主楼体量高大，采用闽式屋盖；两侧的从楼体量较小，衬托矗立其中的主楼。屋盖形式有中有西，错落有致，建筑群体主次分明。楼群或呈“一”字形排开，或呈月牙形环绕，颇具设计感与造型美。早、中期的传统“嘉庚建筑”形体朝南充分展开，迎接夏季主导风向，以应对闽南夏季酷热难耐的气候。在科学技术不发达的年代，通过建筑组群布局的合理安排，加强被动式通风降温，是改善生活环境、提高人体舒适度的有效举措。

传统“嘉庚建筑”最显著的空间特征是古典主义平面、外廊式样，宿舍楼与教学楼在平面上类似，建筑物之间以连廊相接，构造不仅美观且实用性强。在细部装饰处理上，白色花岗岩与红砖的组合，亦体现出闽南传统民居特色。

“嘉庚建筑”既融中西风格于一体，又体现着浓郁的闽南侨乡风格，可谓集美的一大文化象征。从早期的南洋式建筑，到中期为人所称赞的“穿西装戴斗笠”的建筑形象，“嘉庚建筑”对闽南自然环境的顺应、对地方建筑技艺的传承和创新，以及对传统建筑文化的延续与发展，无不包含着全方位的地域性建筑智慧。

20 世纪 90 年代以来，随着集美学校的不断壮大，集美大学新校区与集美大学诚毅学院开始了新一轮的建设。早、中期传统的“嘉庚建筑”中西合璧、兼容并蓄，而后期的现代“嘉庚建筑”则多元创新、再铸辉煌，集美形成了传统“嘉庚建筑”与现代“嘉庚建筑”交相辉映的盛大局面。传统与现代“嘉庚建筑”不仅具有艺术形式上的审美意义，更积淀着深厚的文化底蕴，以其独特的美学价值和历史价值，在建筑史上书写了不可磨灭、亘古永新的篇章。

"嘉庚建筑"外在的艺术特色可分为形式美感与装饰语言两类。[①] 建筑物的形式美感得益于地域性材料，即闽南地区盛产的花岗岩。花岗岩的材质强度较高，密度均匀，是集美所特有的优质建材。洋红色的砖瓦同样也具有天然的美感，与白色的花岗岩奏响了一曲曲红白相衬的组歌。"嘉庚建筑"在结构上多由钢筋和混凝土浇筑而成，色彩搭配多尊崇物体的自然本色。除却红白两色，还以绿色点染，给白色花岗岩增添了一抹清新的气息。红色的建筑物掩映在闽南地区四季常青的树木之中，营造了一种红花绿叶两相宜的视觉效果，同时也具备西式花园的雍容华贵。"西装斗笠"、色彩调和，遂成为"嘉庚风格"的艺术典范。

"嘉庚建筑"采用闽南建筑"出砖入石"的传统技艺，彰显出材料的坚实质地，也以精心考究的装饰诉说着细节之美。闽南建筑石为竖砌，砖为横叠，当石砌至一定高度后，便将砖与石对调，使受力状态趋于平衡。砖石前后相对而搭，以灰土浆黏合，使墙壁呈现稳重和谐之感。

"嘉庚建筑"大量使用白色花岗岩、釉面红砖、洋红色大瓦片以及海蛎壳砂浆等地方特色材料，使工程造价大幅度降低。这既体现了陈嘉庚先生崇尚节俭、不事奢华的理念，也体现了他守护闽南建筑文化、保留民族特色以及注重自然与人文环境和谐美的匠心。

此外，增强装饰美感也是建筑作品艺术风格构建的一个重要条件。"嘉庚建筑"充分发挥闽南能工巧匠的创造天赋，以镶嵌、叠砌的高超技艺，在柱头梁底、门楣窗楣、墙面转角、外廊立柱上拼饰图案、点缀色彩，进一步提升了建筑物"雕龙玉砌"的细节美感，

① 周红：《"嘉庚建筑"的艺术形式特征》，载《装饰》，2006(11)。

展示了“嘉庚建筑”深厚的历史底蕴。“嘉庚建筑”在注重整体形式效果的同时，也灵动地处理了疏密、繁简、虚实、动静的对比，使得建筑物独具一格。建筑物的墙面、柱面多饰有砖石拼花，线条细腻、技法圆熟，颇具雕塑的立体感。墙柱、角柱、廊柱由绿色青石、白色花岗岩和红砖叠砌成方形、菱形等平面图案，与立体雕刻装饰相伴相生、相辅相成，质朴典雅。而在走廊的外墙上，则有六角形、八角形、古钱币形、海棠花形等红砖墙拼花，不仅精致耐看，而且令人赏心悦目。

值得一提的是，“嘉庚建筑”的外墙转角部分，特地采用了古老的“马牙槎”做法。“马牙槎”是砖墙留槎处的一种砌筑方法，当砌体不能同时砌筑的时候，在交接处一般要预留马牙槎，以保持砌体的整体性与稳定性。

除此之外，“嘉庚建筑”还借助雕有暗红色花纹的红砖组成各式各样的精美图案，营造出令人惊叹的审美效果。

“嘉庚建筑”的艺术形式与装饰语言造就了建筑物的特有风貌，既融会了中外建筑文化，又不忘地域特色；既尊崇传统，又不断创新。一幢幢“嘉庚风格”的建筑物在不同文化的交汇中找到了完美的契合点，成为侨乡文化的双重载体。

陈嘉庚先生深受中华儒家优秀传统文化的熏陶，而后又受侨居地文化的影响，使得“嘉庚风格”建筑完美地融合了中外建筑的文化精髓，地方特色与外来文明相得益彰。从丰厚的文化内蕴到卓尔不群的建筑形态与空间特征，“嘉庚建筑”从多重角度体现了传统认识、空间构成、组织序列、群体布局、材料装饰的重要性，也体现了多侧面、多层次、多方位的艺术探寻意图。闽南红砖民居与欧式建筑以及东西方两种古老文化的巧妙结合，是“嘉庚风格”建筑的内涵与魅力所在。其值得称赞之处还在于对多元文化的兼容并包，以及综合创新的主动性和创造性，这也反映了陈嘉庚先生海纳百川的胸怀与人文精神。可以说，“嘉庚建筑”是在兼收并蓄中成长起来的，继承了闽南红砖民居的特长，改良仰合平板瓦为“嘉庚瓦”，变双曲燕尾为三曲燕尾脊或六曲燕尾脊，增添了建筑物的曲线美与整体美。而对多彩的出砖入石的传统建筑技艺进行优化，尝试多元建筑风格互相融合，又无不体现着嘉庚先生博采众长、敢于突破传统、勇于创新求变的魄力。同时，“嘉庚建筑”也通过创新的技术、结构和材料，实现建筑内部空间灵动多样的效果。另外，其在设计思维上追求建筑与自然的亲近和融合，达到同周围环境形神相通、臻于和谐的境界，折射出陈嘉庚先生丰厚的艺术修养和尊重自然、以人为本的建筑思想。

“嘉庚建筑”依山傍海，就势而筑，或利用原有的地形地貌加以改造，或配以楼台亭阁点缀自然景观，将雕刻、绘画、园林艺术融入其间，使人工美与自然美、整体美与局部美交相辉映，和谐统一。不仅如此，各组建筑内部还形成一定的轴线关系，通过道路的曲折蜿蜒，使空间和景观始终处于变化之中。“嘉庚建筑”在吸取南洋、欧式建筑精粹的同时，还结合本民族特色，以“穿西装戴斗笠”的形式实现了民族风格与现代功能的融合。

“嘉庚建筑”在外观上有着鲜明的艺术特色和个性特征，在内涵上也彰显了人文精神的价值取向和深厚的文化底蕴。“嘉庚建筑”融闽南红砖民居特征与西洋风格为一体，将闽南传统的翘檐屋顶与欧式建筑的造型进行糅合，表现出独特的风貌。与此同时，我们更能在一幢幢雅致的“嘉庚建筑”中领悟到陈嘉庚先生强烈的爱乡情结与教育理念，以及一种超越地域与文化的精神气质。“嘉庚建筑”镌刻着陈嘉庚先生作为一位伟大的爱国华侨，一生坚持不懈维护民族团结和尊严，竭尽全力建设故乡的动人事迹。风雨人生赋予了陈嘉庚先生在社会活动、文化教育等方面的崇高品质，“嘉庚精神”影响着一代代华侨。

“嘉庚建筑”不仅是华侨独有的“嘉庚精神”的载体，也是“自强不息，止于至善”和“诚毅”校训的传承。这些“嘉庚建筑”风格独特，建筑群排列有序、错落有致，每一幢建筑红砖白石，或朱瓴，或翠顶，或以欧风统领，或以闽风压阵，敦实中彰显秀气，现代中蕴含古典。历史表明，真正有价值的文化与艺术，无所谓新鲜与陈旧，也无所谓岁月更迭与风云交替。“嘉庚建筑”以其丰富的文化内涵和艺术形式，超越时空流转和世事变幻，成为一个特殊时代文化的见证，内化为集美的一种象征，表达着城市的文脉与品格。而“嘉庚建筑”作为优秀的历史文化遗产，不仅为集美提供了新兴建筑的素材，还以其特色景观赋予了集美鲜明的城市个性，从而成为一道亮丽而不可或缺的人文景观。

“嘉庚建筑”历经时光的打磨丝毫不减当年风采，穿越百年时空，更加熠熠生辉、臻至永恒。

第二节 传统“嘉庚建筑”览胜

一、集美学校建筑

1. 延平楼

延平楼原是一幢白灰砖墙面的三层楼房，于 1922 年建成。1919 年夏，陈嘉庚先生选择在集美“国姓寨”筹建集美小学校舍，并于 1921 年 12 月奠基。因校地是“延平郡王”郑成功部将操练水兵之遗址，所以陈嘉庚先生将新建校舍命名为“延平楼”，并亲自撰写《集美小学记》。延平楼下的“延平故垒”，以石砌成，垒之南门，俯瞰江流，气势雄壮。楼前巨石上镌有“延平故垒”四字，为陈嘉庚嘱人题刻。延平楼在抗日战争时期被日军炮弹炸毁，1951 年由陈嘉庚亲自主持重建。延平楼坐北朝南，中部四层，两翼三层，建筑面积2 976平方米。该楼主要为砖石木混合结构，局部为钢筋混凝土结构，平面呈双角楼、前廊式布局，建筑外墙以条石为基础，红色清水砖墙承重，花岗岩块石作装饰镶砌。

延平楼除二、三层中部外廊为现浇钢筋混凝土楼面外，其余均为木板楼面。该楼屋顶中部为单檐歇山顶，翼楼和角楼均为双翘脊硬山顶，屋面铺绿色琉璃瓦。

延平楼的角柱作“出砖入石”装饰，拱券、栏杆及窗套作西式装饰。

2006年，国务院公布延平楼为第六批全国重点文物保护单位。

2. 黎明楼

黎明楼坐北朝南，依地势而建，西部五层，东部四层，中部最高为六层，于1957年建成。其外墙为花岗岩条石，前廊为红砖柱，廊柱面为红砖白石叠砌，柱间为绿琉璃葫芦瓶条石压顶护栏。黎明楼第六层中座为燕尾脊歇山顶，露台前面正中镶嵌着镌有“黎明”的青石楼匾。窗户以红砖拼花装饰，两旁的普通红瓦大屋顶，系闽南建筑风格。

2006年，国务院公布黎明楼为第六批全国重点文物保护单位。

3. 南薰楼

南薰楼位于延平楼西侧，系陈嘉庚亲自主持、依东高西低地势而建的大楼，以大台阶为基座，平面布局如飞机造型，于1959年建成。其主楼高15层，白石清水墙面，中座高耸，顶层立一座风亭。风亭为四角形，屋面四边出檐为坡顶，铺设绿琉璃筒瓦，其中式飞檐翘脊屋面与西式抹灰穹顶两相组合，可谓中西合璧的极佳诠释。主楼两侧为角楼，花岗岩条石清水墙面，角柱隅石由红砖白石拼砌。其柱头和挑梁的彩绘灰塑装饰图案精美，色彩艳丽，堪称一大特色。南薰楼宛如战机凌空而起，威武挺拔，乃集美学村标志性建筑之一。

2006 年，国务院公布南薰楼为第六批全国重点文物保护单位。

4. 尚忠楼

尚忠楼系陈嘉庚主持兴建的一幢欧式建筑，于 1921 年 2 月建成。该楼为砖木结构，坐北朝南，三层，坡顶采用红机平瓦，辟有两个齐檐大老虎窗和三个脊背小老虎窗，以便通风采光。大楼两端前后凸出，外廊采用半圆券柱式，小拱以砖石拼砌。柱间采用绿釉瓶护栏，花岗岩条石压顶。该楼由原尚忠楼加上扩建的尚忠楼东部合并而成，建造于两个不同的历史时期。早期尚忠楼为集美学校女子师范部教学楼，并与文学、诵诗、敦书诸楼合称为"集美学校女学"，2012 年，该楼修缮一新。

2006 年，国务院公布尚忠楼为第六批全国重点文物保护单位。

5. 即温楼

即温楼系陈嘉庚督建的一幢大楼，为砖木结构，于 1921 年建成。该楼的建筑为三段式平面，中座三层设有内廊，两侧三层有外廊与内廊相接。主楼为硬山式屋顶样式，两侧山墙则设计为多阶式，并以灰塑西洋图案装饰，气势恢宏。即温楼于 2011 年修缮一新，现为集美大学航海学院教学楼，又被称为航院六号楼。

2006 年，国务院公布即温楼为第六批全国重点文物保护单位。

6. 明良楼

明良楼位于即温楼西南方向，于 1921 年建成。明良楼为闽南传统的硬山式屋顶，"三川脊"呈分段燕尾造型，屋面铺设绿色琉璃瓦。该楼的主体中央两侧位置外凸为门廊，檐部上方呈圆弧拼三角形山墙，双坡顶。该楼的外廊有连续西式拱柱，中央和两侧凸出于主体的门楼和角台以白色装饰，与红砖清水墙立面、绿琉璃筒瓦屋面形成鲜明的色彩对比，彰显出独具韵味的地方特色与西式风貌。明良楼自竣工以来，因历史缘故屡遭损坏。1985 年，集美航海专科学校将其拆除并改建为图书馆。2011 年，集美大学决定按历史原貌重建明良楼，于 2013 年 10 月建成。

7. 允恭楼

允恭楼坐落于明良楼右侧，于 1923 年建成。整座建筑外墙面以白色装饰，故也被称为“白楼”。“白楼”为红色机平瓦大坡顶，两侧山墙饰以欧式雕刻，为前廊式结构。该楼的柱头雕有精美灰塑，二、三层设绿釉瓶护栏。该楼体中央一层至三层外凸为半圆形门廊，并以罗马柱支撑。1983 年，允恭楼加高为四层，两侧增筑楼梯方便上下。

2006 年，国务院公布允恭楼为第六批全国重点文物保护单位。

8. 崇俭楼

崇俭楼又名航院三号楼，位于允恭楼西侧，于 1926 年建成。崇俭楼是按照明良楼设计图纸再造的一座中西合璧建筑，以允恭楼为中心，两座楼依左右而旁立，以廊道串联为一体。崇俭楼屋顶为三翘脊硬山顶，脊尾为燕尾式，气势雄伟，颇为壮观。

2006 年，国务院公布崇俭楼为第六批全国重点文物保护单位。

9. 克让楼

克让楼又名航院二号楼，于 1952 年建成。克让楼坐北朝南，辟有半圆形券柱式外廊，设绿釉瓶护栏，东面设六角形过廊。其屋顶为机平瓦双坡顶，外墙由砖石砌筑，山墙装点欧式雕刻，内部为砖木结构。克让楼与即温楼、明良楼、允恭楼、崇俭楼大致呈“一”字形排列，各楼以楼名第二字依次连成儒家所遵循的伦理道义“温、良、恭、俭、让”，蕴含着建楼者对中华优秀传统文化的尊崇，更可见陈嘉庚先生对校舍建筑的长远规划，寓意深长。

2006 年，国务院公布克让楼为第六批全国重点文物保护单位。

10. 海通楼

海通楼位于集美学村大门内左侧，坐北朝南，依坡地兴建。其主体中部的建筑为六层，铺有歇山顶绿琉璃瓦屋面，两侧有铺砖围栏露台。海通楼为前后外廊式，背面和侧面为花岗岩条石清水墙，镶嵌红砖拼花窗套，正立面为红砖清水墙。东西两向分别建有角楼，铺有传统的闽南燕尾脊歇山顶琉璃瓦屋面，角楼前凸平面呈梯形，角柱饰以“蜈蚣脚”，镶白色拼花窗套。1962年，海通楼工程基本建设完成。

11. 福东楼

福东楼于1957年建成，坐北朝南。该楼的中部为四层，燕尾脊歇山顶，绿琉璃筒瓦屋面，外廊辟有露台，围栏中间嵌青石“福东楼”楼匾。该楼的南面为红砖圆形外廊，绿葫芦节白石条栏杆，绿琉璃瓦、红瓦两色相间铺于屋顶，两侧分别以两小夹一大半圆形拱为单元，形成连续红砖券柱结构。

12. 新诵诗楼

原诵诗楼位于尚忠楼西南侧，后与敦书楼和文学楼一并改造连为一体，统称敦书楼，在位于尚忠楼东侧的新楼建成之后，改名为新诵诗楼。新诵诗楼主体三层，最南边因地势较低多建一层，于1955年建成。该楼的建筑形式依旧延续尚忠楼的风貌，外廊设有红砖半圆券拱方砖柱，嵌券心石，屋面为红色机平瓦双坡顶，二、三层为花岗岩条石搭配绿釉瓶栏杆建筑。

2006年，国务院公布新诵诗楼为第六批全国重点文物保护单位。

13. 敦书楼

敦书楼，由原诵诗楼、文学楼、敦书楼组成。原诵诗楼紧挨尚忠楼西南侧，1921年与尚忠楼同期建成，坐西朝东，单列外廊式，砖木结构，简洁平瓦双坡顶，外廊构造形式与尚忠楼相似，与尚忠楼呈倒“L”形分布。1925 年 8 月，在原诵诗楼南侧建成文学楼和敦书楼。1955 年，这三座楼改造后连成一体，以“敦书楼”命名。

2006 年，国务院核定其为第六批全国重点文物保护单位。

14. 道南楼

道南楼是以主楼为轴心两侧对称的“一”字形组合建筑，于 1962 年建成。道南楼的主楼共六层，白石清水墙面，三开间前凸为内廊，中部设有拱门，镶青石棱线框，嵌券心石。道南楼四壁柱外有青石线框，内饰以白石、青石和红砖拼砌图案。道南楼的顶层为重檐歇山顶、燕尾脊，铺有绿琉璃筒瓦；露台立有水泥花格护栏；正前方楼额以灰塑五角星、齿轮、火炬、麦穗图案装饰，中间镶嵌“道南”青石楼匾。道南楼立面墙堵的红砖拼砌、门厅顶棚的彩绘灰塑、廊壁柱式的出砖入石，做工精雕细琢，充分展示了闽南工匠的砖作、石作、泥作之弥新创意和精湛技艺。

2006 年，国务院公布道南楼为第六批全国重点文物保护单位。

15. 南侨建筑群

南侨建筑群位于集美龙舟池西面以北，原为集美归国华侨学生补习学校校舍。校舍临海而建，砖混结构，命名为“南侨”，并形成四排十六座的布局。校园依山傍海，风光旖旎，20 幢南侨建筑由高到低、整齐雅致地排列在园区内，构成了一道独特的南洋建筑景观；楼群中轴线为一条宽 8 米的纵向石板路，两侧有建筑各两座，呈鱼骨状排列，依坡地逐排增层升高而筑，前后楼之间则辟为球场。第一排为南侨第一楼至第四楼：第一、四楼为硬山脊大屋顶，燕尾造型，垂脊灰塑卷草；第二、三楼为双坡顶马鞍脊，均为绿琉璃筒瓦屋面，墙之四角隅石饰以红砖与白石叠砌的“蜈蚣脚”。第二排为南侨第五楼至第八楼，楼多为两层：第八楼右侧局部三层，采用圆拱券柱外廊，西式机平瓦双坡屋顶；第五楼和第八楼之两端的两开间前凸为过道和梯位，平顶露台护以绿釉瓶围栏。第三排为南侨第九楼至第十二楼，建造形式和外部装饰与前排建筑风格基本保持一致。第四排为第十三楼至第十六楼，系钢筋混凝土混合结构，外墙用花岗岩条石砌筑，红砖镶嵌装饰，西式机平瓦双坡顶。第六楼体量最大，中部两面圆拱券长廊，两端前后分二进凸出主体。圆拱券柱白砖白石交错叠砌，转角隅石两面镶嵌红砖装饰。廊道采用绿釉瓶覆以白石条护栏，山墙灰塑齿轮、麦穗、五角星等精美图案。陈嘉庚亲自主持规划与建设的南侨楼群，作为其华侨教育的象征，具有深刻的寓意。

2006年，国务院公布南侨第十三至十六楼为第六批全国重点文物保护单位。

16. 葆真楼

葆真楼是集美幼稚园新校舍之统称，于1926年建成。其分三排，坐北朝南而立：前排为单座楼，后廊式布局，主体共两层，屋面为机平瓦屋顶，中间为圆拱顶塔楼，前设门廊，一层为露台；中排两座两层，呈左右对称式分布，且向中间有一侧外凸为弧形，门厅外侧亦凸出呈半圆形屋面，圆拱顶；中排两侧隔间为二层设计，呈梯形状，两端外凸为角楼，开设圆顶窗户，后辟门通廊道。葆真楼中部设有贮水池，养殖鱼类、栽种莲花，欧式建筑的圆拱顶、细长柱尤其突出。

17. 科学馆

科学馆于1922年建成，地处集美学校之中心。科学馆坐北朝南，砖木结构。这栋小楼前后均设有走廊，一层为拱券廊，二层则为方形廊，中部饰以哥特式圆柱。屋顶为西式双坡顶，铺红色机平瓦。该楼的外墙以白色为主色调，三角形山墙布满雕花，多层次屋檐饰以灰塑，倚柱和扁壁柱为巴洛克风格，让这座西式建筑更显豪华壮观。

2006年，国务院公布科学馆为第六批全国重点文物保护单位。

18. 诚毅楼

诚毅楼于1925年6月建成。诚毅楼为西式小楼，坐北朝南，共两层，机平瓦双坡顶，红砖清水墙，前面一层正中为三开间并立有四柱门廊，绿釉瓶覆以白石条为护栏。两侧面上下层中间辟有楼门，一层外立二柱作为门廊，二层设露台并立有铁制栏杆。1950年，陈嘉庚归国定居，就住宿于此楼二层，至1958年8月陈嘉庚故居修复之前，他一直在这里生活和工作。

二、集美风景区建筑

1. 龙舟池

龙舟池系陈嘉庚亲自规划设计并主持兴建的景观，一共有内、中、外三个池。外池因在建设完工后用以举行端午节龙舟竞赛，故被称为“龙舟池”。龙舟池的池畔建有式样各异的“启明”“南辉”“庚”“左”“右”“逢”“源”七个亭子。龙舟池的池畔四周有数座仿古建筑，琉璃瓦顶楼台、廊庑和亭榭。其中，龙舟池的北岸居中的“南辉”亭为主观景台和指挥台，混凝土仿木结构，设有三个亭子。这三个亭子红柱绿瓦，飞檐翘脊，彩绘雕饰，斗拱叠置，既古朴又不失典雅。

龙舟池周围的亭台是龙舟池的重要组成部分，具有强烈的闽南特色。

一泓碧波映天色，几座亭榭缀斜阳，龙舟池构成了集美一道亮丽的城市风景。击鼓挥桨舸争流，端午盛会振神州，龙舟赛已经成为集美旅游文化的代表之一。

2. 鳌园

鳌园位于厦门市集美学村的东南之滨，三面临海，西接陆地。鳌园原为一座小岛，形状似龟，其岩石上建有一座奉祀妈祖的妈祖庙(亦称鳌头宫)，庙旁种有数棵榕树，堪称“风水宝地”。陈嘉庚在修复集美学校战争创伤、拓建办校规模的同时，修建鳌园，历时4年有余，鳌园于1955年12月基本建设完成。

鳌园由门厅、长廊、集美解放纪念碑、陈嘉庚墓、鳌亭和围栏等建筑物组成，以闽南传统民居的形式，结合西式建筑艺术，以花岗岩为材料，尽显中西合璧之风貌，浮雕、圆雕、镂雕、线雕、影雕和彩色灰塑、剪瓷贴塑等装饰又为鳌园增添了丰富多彩的内容。1988年，“陈嘉庚墓”被国务院列为第三批全国重点文物保护单位，成为人们参观游览与敬仰崇拜的“陈嘉庚纪念胜地”。

鳌园门厅是花岗岩混凝土结构，为闽南传统双“踏寿”建筑形式。屋顶为歇山顶，“三川脊”燕尾造型，中间檐部抬高形成“断檐升箭口”的样式，绿琉璃筒瓦屋面，檐下花篮垂筒，墀头位置雕有石狮；门厅屋身为白石墙面，正门镌刻楹联“鳌载定教山尽峙，园居宁与世相忘”，嵌“鳌园”额匾；两边开方形圆洞窗，侧面对向辟门，外间为青石方形窗棂。

穿过鳌园的门厅，平步长廊，是一道由20根石柱支撑的三角形钢筋混凝土桁架构成的敞开式廊道，水泥屋盖铺设绿琉璃筒瓦。廊道尽头为牌楼，其飞檐翘脊造型与门厅呼应，两根罗马式门柱格外醒目，增添了几分中西合璧的色彩。鳌园的长廊两边各砌筑一道石屏，仿传统建筑的燕尾脊、卷草、绿琉璃筒瓦造型。

3. 集美解放纪念碑

集美解放纪念碑坐北朝南，巍然屹立于鳌园广场中央，与石屏、陈嘉庚墓、鳌亭形成中轴对称的建筑布局。该纪念碑由台基、碑座、碑身和碑顶四部分组成。台基分四层形成四级平台：第一层较为宽阔；第二层为青石须弥座栏杆组合，座堵镶嵌各种浮雕并以各式各样的圆雕动物作为柱头装饰；第三层为四面八级全台阶；第四层为四面三级全台阶。碑座为青石须弥座造型，四周环绕白石套框浮雕，角柱和分格柱上方饰有动物型圆雕。碑心石上镌刻着毛泽东题写的“集美解放纪念碑”七个大字，而在碑的背面下方又嵌有青石雕制的陈嘉庚题写的碑记。碑身封贴黄绿两色花砖。碑顶则为斗拱托檐绿琉璃筒瓦歇山顶，指向苍穹的燕尾脊与戗脊彩绘卷草犹如一顶荣耀的桂冠，仿佛在为纪念碑行加冕之礼。

4. 归来堂

归来堂坐落于陈嘉庚故居的正前方，于1962年8月建成，是具有闽南特色的代表性建筑，取白石砌墙，绿瓦盖顶，由前厅、拜堂、大厅以及两侧护厝组成。前厅设计为闽南传统的“双踏寿”式样，屋面铺设绿琉璃筒瓦，为燕尾脊歇山顶造型。拜堂位于大厅正前方，立有琉璃瓦马鞍脊四柱亭，设有门廊，与大厅相接。大厅屋面与前厅风貌一致，内部设有供桌像龛，陈嘉庚石雕坐像立于中央。两侧护厝呈前廊式样，并以马鞍脊装饰，屋面铺有普通板瓦。

归来堂的设计与施工，尽显闽南建筑飞檐翘脊、雕梁画栋、斗拱吊篮、鎏金彩漆的特色。

第三节　现代“嘉庚建筑”：多元创新、再铸辉煌

独具艺术特色的“嘉庚建筑”及其历经风雨所积淀的历史文化价值，已成为集美侨乡文化遗产的重要组成部分，哺育着一代又一代后人。

“嘉庚建筑”虽然最初由陈嘉庚先生兴建并主持规划设计、监督施工，带有陈嘉庚的个体印记，但经过一定历史时期的继承和发展，已经演变为一种群体性的、代表集美人独特文化情结和审美观念的建筑物。

屹立在集美大地上的传统“嘉庚建筑”见证着不平凡的过去，又迎接着更加辉煌的未来。为了进一步凸显城市地域特征、弘扬“嘉庚精神”，20世纪90年代起，集美区新建了大批具有嘉庚风格的新建筑，这些新建筑已经成为现代“嘉庚建筑”的标志。现代“嘉庚建筑”是指自20世纪90年代始，在沿用嘉庚风格建筑符号与设计手法的基础上有所创新，力图与传统“嘉庚建筑”相互协调的新型建筑。

毫无疑问，具有传统与现代“嘉庚建筑”两大分支的嘉庚风格建筑已成为集美侨乡建设发展的依托资源与独特亮点。

现代“嘉庚建筑”实际上是传统“嘉庚建筑”在新时代的传承与延续。现代“嘉庚建筑”传承了传统“嘉庚建筑”中西交融的设计理念，却并不故步自封、因循守旧。以集美大学主校区建筑群体为代表，位于中央的主楼仍旧沿袭闽式屋盖与西式墙身两相适宜、彼此相称的建筑样式，两侧的从楼则完全是西式风格，或在细部上汲取中西建筑文化精髓加以综合运用。在承袭“一主四从”布局方式的基础上，五幢建筑沿着作为白鹭保护区的中心水体南北向线性展开。建筑群动态均衡，刚柔相济，彰显恢宏气势的同时不失因地制宜的灵活。其大胆创新之处，还在于以“屋脊落在构架上，构架飞跨屋面上”的造型取代了基于砖木与石木结构而形成的厚重、密实的大屋顶，而钢筋混凝土构建在屋盖处的灵活组合，隐约显现着传统闽式屋盖的建筑风格。至于建筑物的装饰细节，则从闽式传统的“出砖入石”技艺演变成颇具创造力的“出石入砖”的手法，呈现出既传统又新颖的墙面装饰艺术，使基于现代工业化材料的装饰技巧与闽南传承千百年的装饰技艺相互对接，推陈出新。将富有地域特色的传统装饰手法与时代元素巧妙融合，产生独特的艺术感染力，也是嘉庚建筑风格的"现代"气息所在。

同时，现代"嘉庚建筑"在传统"嘉庚建筑"最具特征性的彩绘雕饰的基础上，进行浓缩和提炼，在建筑顶部加以表现，传达出浓郁的闽南风格。

总而言之，现代"嘉庚建筑"充分利用钢筋混凝土的营造方式和技术特性，又融以闽式遗风与欧式气息，在新旧建筑间建立起视觉关联，延续"嘉庚建筑"的特殊文脉，彰显"嘉庚建筑"的地域特色。①

1. 集美大学新校区楼群

1994年，集美航海学院、厦门水产学院、福建体育学院、集美财经高等专科学校、集美师范高等专科学校5所高校合并成立集美大学。

2003年10月，集美大学开始兴建新校区，至2008年5月，这一浩大的建筑工程竣工并投入使用。文科大楼、理科大楼、综合教学楼、图书馆、体育馆、风雨操场及田径运动场、学生公寓、学生食堂和学生活动中心等建筑，不仅布局合理，而且充分满足了学校教学与生活的需求。

集美大学新校区的建设，牢牢把握住了"嘉庚建筑"的设计核心，在传承与延续的同时又融入了多元性的现代时尚元素，呈现出一种恢宏的气魄。

新建筑在多个方面有所创新：对廊、柱等部位进行了简化处理，变繁缛的雕饰为简约的装点，同时，屋顶采用镂空设计，使建筑物更加灵动开放。在色彩运用方面，新建筑不仅以浓烈的洋红

① 庄丽娥：《"嘉庚建筑"百年之际创新高》，载《工业建筑》，2013(2)。

色为主色调，还在高层建筑的顶部饰以米黄色线条，形成色彩与质感兼备的立面效果，与树木、花草等自然环境相互协调、相得益彰。

2009年9月，集美大学新校区建筑作为最能“体现地方特色的区域经典建筑”，凭借其材料选择、颜色搭配、功能划分等，荣获“新中国成立六十周年‘百项经典暨精品工程’”称号。业界对新建筑给予了高度评价，认为其“融合了西洋和中国传统风格，融合了园林、绘画、雕刻等多种艺术形式，闽南风味的燕尾脊，嘉庚瓦坡屋面，红色墙砖配以精雕细琢的石材墙面，西洋风格的窗套、门楣，富有韵律的廊拱，形成了鲜明独特的‘嘉庚建筑’风格，在闽南、福建乃至全国独树一帜”①。

2. 集美大学诚毅学院

集美大学诚毅学院东临嘉庚体育馆，南面与集美大学新校区相接，主楼高耸巍峨，已成为集美地区的标志性建筑之一。主楼为中西结合的建筑样式，红瓦屋顶，红砖墙面，配以白石基座。传统“嘉庚建筑”为闽南民居的燕尾脊歇山屋顶，主楼设计者在此基础上进行了抽象简化，加入了更多的主观创作意图，将其改为四坡顶，颇具现代气息。新式屋顶呈金字塔形，四周建有闽南独特的“老虎窗”。屋顶与墙体相接的檐口处，饰以虚化的玻璃和柱廊，使屋顶形象更为立体。建筑物屋身大方简约，四面基本一致，转角厚实，以红色陶瓷砖贴面，中央设有大面积玻璃幕墙。裙楼屋顶为两坡屋顶，屋身同样以红色面砖贴面为主。整体建筑形象沉实稳重，极具现代气息和地域特色。

3. 陈嘉庚纪念馆

陈嘉庚纪念馆坐北朝南，位于集美浔江路以东海滨，共三层，

---

① 庄景辉、贺春旎：《集美学校嘉庚建筑》，北京，文物出版社，2013，第316页。

有主展厅、专题展厅、多功能厅、接待厅、文物库房、办公用房和观众服务中心等。

陈嘉庚纪念馆是经中共中央办公厅和国务院办公厅批准，为宣传陈嘉庚倾资兴学事迹、弘扬陈嘉庚爱国主义精神而兴建的纪念馆。2003年10月21日，陈嘉庚纪念馆奠基，历时整整5年，于2008年10月21日正式开馆。

陈嘉庚纪念馆的建筑设计以“嘉庚建筑”风格为主导，在此基础上进行“再创作”构思，从而确定建筑造型定位。其中，高筑台大台阶、四面廊大立柱、多段脊歇山顶，体现了中西合璧的风貌特征。建筑屋面的正脊呈抬升的“断檐升箭口”形式，而每段屋脊下铺设“镂空”玻璃，既减轻了体量，又增强了采光。屋顶翘起的燕尾脊特地做了夸张处理，给人一种振翅欲飞之感。纪念馆的柱顶檐下采用枋柱交接托檐，舍去了斗拱檐椽等构件。墙面为火烧面白色花岗岩，正立面分堵镶有大面积的青石浮雕和砖石拼花图案，颇为壮观。大门设计为拱形，以券心石框套装饰，挺拔壮硕的廊柱镌刻着名士题写的楹联。纪念馆主体外的四角方亭，采用“嘉庚建筑”“一主四从”的布局设计，装置无障碍电梯或步梯，作为垂直的通道和观景平台。北侧还辟有圆弧形露天演艺活动场，使整座建筑更显雄伟庄重的大器之美。

陈嘉庚纪念馆位于嘉庚公园北门以东外填海处，总占地面积104 484平方米，建筑面积11 000.5平方米，与嘉庚公园、鳌园相邻，并与集美解放纪念碑交相辉映。纪念馆集陈列展览、文物收藏、学术研究、纪念活动等功能于一体，作为“爱国主义教育基地”，在传承历史、弘扬精神、宣传教育、服务社会等方面，发挥着越来越重要的作用。

第五章
集美华侨对侨乡文化的建设

人们通常用“海外”而非“国外”的空间意识去追述先人的历史陈迹，这似乎是一种约定俗成的原则。无论人们是否注意到海洋，是否接近海洋，海洋都作为一个不可言说的“诱惑体”而存在。“海”之诱惑位于“国”之屏障前，蹈“海”之拓展也在跨“国”之拼搏前，召唤着人类扩展生存空间的本能。

华夏历史上，奔赴南洋的先民，便是跨越海洋，寻找安身立命新领地的冒险者。社会的动乱、生存的困境以及海洋的召唤，使得华夏先民从中原内陆来到海边，又跨海出境漂流，其所体现的是先民们对海洋从无知、畏惧到亲近、开发乃至利用的认知过程。海洋作为全球最大的公有地，蕴藏着无限的秘密。由此，人类走向海洋，是勇者的探索与开拓，是智者的认知与尝试，是自觉或不自觉地为实现利益追求而做出的理性选择，也是一种宿命般的必然。

历史上中国人去东南亚一带经商、打工乃至迁徙等活动称为“下南洋”。“南洋”是时人眼中企图求得生存、解决温饱问题的希望之地，海洋不仅富有难以抵挡的魅力，同时也具有无可匹敌的巨大威力。先民们克服艰难险阻跨越海洋，从此与故地天涯远隔。孕育众多华侨的“故乡”转变为“侨乡”，成为迁移族群留在身后的特殊地域。

“侨乡”是指华侨较多且侨眷较为集中的地方。作为一种独特的地域性文化现象，侨乡的突出特征在于海外侨民与故乡故土维持的亲情乡情，以及由此酝酿出的文化形态。

有言道：有海水的地方，就有华人，华人移居海外，已有悠久历史。每个朝代都有中国人或为经商、或为谋生、或为逃难，而背井离乡、漂泊异地，他们的血泪史自然与中国的历史文化紧密相连。

天然的地缘优势是集美侨乡得以形成的原因之一。早在元末明初，集美先人就已南下东南亚，出海谋生。集美华侨凭借着不畏艰险的勇气以及吃苦耐劳的精神，披荆斩棘、开创事业，终于求得生存之所。在漫长的移民历史长河中，涌现出陈嘉庚、陈敬贤、孙炳炎、陈文确、陈六使、陈水成、黄仲涵等众多爱国华侨。他们身在异乡艰苦奋斗，取得种种成就，或是工商业巨子，或是科技精英，或是政界要人，都为当地的经济繁荣和社会进步做出贡献。

集美侨乡与海相接，与海内外联系广泛，得以在经济、文化、思想等方面引领潮流。由此，集美侨乡人于跨海间谋生，于日月变幻中成长，游刃于个人抉择的微观层面与社会结构的宏观层面之间，历经磨难，凤凰涅槃。正是在这样的互动中，中外文化不断碰撞、交融与聚合，集美侨乡人也形成了强烈的拼搏意识以及念根意识。一颗颗赤子之心将爱国爱乡之情付诸行动，书写了一个个返乡立业、助力建设家乡的感人场景。无论海外华侨漂泊何方，侨乡始终是给予他们生命的“母亲”，是他们日思夜想、终日怀念的故里。在海外归乡的“舟车劳顿”中，华侨成为中外文化交流的使者，他们把国外的文化传输至自己的故乡。中外文化相互交融，逐渐形成了以中华文化为主、外来文化为辅的侨乡文化。因此，集美侨乡文化不仅是一种简单的区域文化，更是历史文化的重要组成部分，为集美文化增添了厚重感。

海外华侨对集美侨乡的文化建设主要体现在三个方面：一是以“乡梓”为依托的民间文化；二是以“侨批”为载体的侨乡传统文化；三是以“嘉庚精神”为旗帜的侨乡精神文化。

第一节　以"乡梓"为依托的侨乡民间文化

中华传统文化具有的属性之一是建立在"家"的基础上的亲缘文化，纵使亲缘文化内涵与外延不断拓展，宗族和乡土观念始终是亲缘文化的主要根基。

集美华侨远离故土与家乡，宗亲和乡土情结尤为强烈。华侨移民至海外，首先就是要建立起对家族和同乡的认同感，增强移民群体的凝聚力，团结一致，共同应对陌生环境下的种种困难与挑战。这种强烈的宗亲和乡土意识，更因在异域生存打拼中，彼此相助和往来的需要得以强化。对于在异域拼搏求得生存的华侨群体而言，故乡是不可磨灭的宗族家园与血脉纽带。海外华侨们怀着对故乡的一片深情，以"乡梓"为依托，创造了一系列的民间文化形态。

一、侨乡方言中的外来语汇

就方言区的划分而言，集美隶属闽南方言区，集美侨乡所使用的方言也自然属于闽南方言。闽南方言是一种跨越地区、超越省界与国界的汉语方言，保留了许多古汉语特征，被语言学家称为"语言活化石"。唐宋以后，闽南人大量出海外迁，文化交流的影响首先体现在语言层面。一方面，离开故乡的华侨向外输出本土语言；另一方面，他们也采用音译、意译或借词的方法吸收外来词汇以丰富自己的语库。集美华侨返乡时，将这些外来语汇带回故乡，其中相当一部分至今还为集美人所使用，流传广泛，产生了巨大影响。

发达的海运和国际贸易，使闽南人"以舟为田，视波涛为阡陌，依帆樯为耒耜"，"漂洋""过番""落南洋"成为一种地域性的文化传统，这是闽南和东南亚语言文化交互影响的重要注脚。[①] 华侨到海外谋生，回归家乡时便将侨居国的特色物品、见闻经验以及语言一并带回。外来借词是本民族语言从外国语言或外族语言中吸收进来的词语，简称外来语汇、外来词或借词，其吸收方式主要是音译。侨乡地区方言的外来语汇中当数马来语借词数量最多，其次则是以英语、荷兰语等为来源的欧洲语言借词。这些外来语汇给侨乡方言以深刻的影响，至今还残留着些许印记，表现出侨乡文化的多元性与包容性。

据闽南师范大学闽南文化研究中心学者所做的研究，外来语汇中，食品食材方面的借词所占比例最大。其原因有二：一是“民以食为天”，食物在当时人的眼中即温饱与生存的保证；二是华侨从侨居国带回的食物为当地人所不曾见，故以外来语汇称呼食物。例如，杧果、咖啡、可可、咖喱、沙茶等词均是从马来语中借用而来。其中，“沙茶”“咖喱”是由马来语音译过来的，当这些语汇为侨乡人们所用时，又碰撞出新的火花，产生了诸如“沙茶酱”“沙茶面”“沙茶肉”“咖喱粉”“咖喱饭”等新词组。

除了食材食物，华侨还喜欢将国外生产的新奇或质量上乘的物品带回故乡，供亲属使用或当作礼物赠送给乡亲朋友。在工业化生产落后的年代，侨乡很少有人见过这些物品，也不知该如何称呼，于是就给这些物品的称呼加上一个前缀，如“番”或“洋”，这两个字在当时特指“外国”或“外族”，也有直译为闽南侨乡方言的。比如为大众所熟知的“番油”“番仔油”，即指“煤油”；“洋灰”“红毛灰”，即指“水泥”；而香烟则被称为“番仔烟”，与之相关的火柴被称为“番仔火”“洋火”。人口的迁移必然会带来婚姻家庭等方面的变化，这也会体现在语言上。例如，与华侨结婚的侨居国妇女会被侨

① 张嘉星：《闽南方言外来借词综论》，载《闽台文化研究》，2018(1)。

乡人唤作“番婆”“番仔婆”，而其所生的子女则被叫作“番仔”等。

华侨归国，带回的不仅是一件件新奇实用的物品，更是侨居国的文化与语言。语言是历史文化的载体，外来语汇直接融入侨乡方言的同时，还间接派生出了新词汇，丰富了侨乡方言的内容，从本质上扩大了侨乡的语言交流空间，增添了侨乡民间文化的趣味性与厚重感。

二、华侨、侨眷题材的民歌和童谣

在集美侨乡流传着许多优美动听、朗朗上口的民歌和童谣，这些民歌和童谣以华侨、侨眷的生活感情为主题，是民间文化的重要组成部分。

这些歌曲包含丰富多样的内容，如反映华侨跨海经历种种困难与艰险的《番客歌》《过番歌》《番平歌》《番邦水路真难走》等，还有体现华侨在侨居国艰苦生存的《脊背当盐埕》《心头压石板》等歌曲。除此之外，华侨与故乡亲人天各一方，地理上的隔绝使双方的思念之情尤为缠绵凄婉。“送郎过番出大门，手抱孩儿送夫君。走一步来停一步，目汁如泉实难忍，拭湿两条围身裙”(《送郎过番》)便是侨乡妇女哀怨心声的写照，同样反映侨眷送丈夫出洋的还有《送别》《雨濛濛》《十指尖尖奉一杯》等。

时光更替，历史变迁，华侨艰难生存与思念故里的记忆似乎已离我们远去，“关山难越，谁悲失路之人？萍水相逢，尽是他乡之客”。《番客歌》与《过番歌》经过岁月的洗礼，至今仍被传唱：

唱出翻客有这歌，
番邦趁食无兜划；(即出国谋生无奈何)
为着生活才出外，
离父母，离某(妻)子。

五年八年返一摆(次),
做牛做马受拖磨;
想着某(妻)子一大坨,
勤俭用,不敢开半瓜。(即不敢随意使用)

——《番客歌》

一溪目汁一船人,一条浴布去过番。
钱银知寄人知返,勿忘父母共妻房。
火船驶过七洲洋,回头不见我家乡。
是好是劫全凭命,未知何日回寒窑。
暹罗船,水迢迢,会生会死在今朝。
过番若是赚无食,变作番鬼恨难消。
心慌慌、意忙忙,上山做苦工,
日出分伊曝(晒),落雨分伊淋。
所扛大杉楹(木头),所做日共夜,
所住破寮棚,真真惨过虾。
渡过黑水(七洲洋),吃过苦水,
满怀心事付流水;
想做座山(基业),无回唐山,
终老尸骨归义山(坟墓)。
“番批”钱银唐山福。

——《过番歌》

以华侨、侨眷为题材的民歌和童谣生动地反映了华侨的切身经历,生存的艰辛与对亲人故乡的思念只能化为一首首动人的歌曲,慰藉心头的悲苦。这些歌谣不仅在侨居国,也在侨乡生根发芽,世世传唱。

三、乡梓情感的寄托与传承

华侨华人深受中华传统文化熏陶，虽离开了哺育其生命的中华大地，但并不会随着岁月流逝而淡化家乡与国家在他们心目中的重要地位。相反，与故地距离愈远、分离时间愈久，宗亲意识却愈加浓厚，由家庭、家族而扩大到家乡。可以说，在侨居国生存拼搏的华侨们，其个人价值在很大程度上需要得到家族、家乡的认同与认可。

初到侨居国的华人们，先是形成一个华人圈，后依血缘、地缘、语缘而分帮结派，这便是宗亲观念的外在显现。而“同乡”的情结，在本质上也是“宗亲”的情结。

尽管20世纪50年代以后大多数华侨已选择在侨居国定居，但“华”字当头，是万不可丢弃的。只要经历过中华文化的濡染，华侨对家乡与宗亲的亲缘意识必然历久常新，前辈华侨的爱乡传统也为后辈所继承、发扬。这种由“家”延伸出去的“乡土”情结，便是对宗族、血脉的留恋与对家乡的认同。

闽南地区的人们是早期从中原一带迁徙而来的汉人，传统儒家文化中的家族本位与乡土观念根深蒂固，重乡崇祖的传统在集美人乃至闽南人心中扎根之深可在多方面表现出来。

第一，遍布世界各地的集美华侨把回乡寻根认祖当作一生的大事，他们的后人通过修族谱、建祠堂来追溯先辈遗迹、传承家族遗风遗训、凝聚家族血缘命脉。除此之外，他们还以标注“堂号”来记载祖籍地和家族的源头，这种“堂号”不仅见于祠堂、店铺、书斋以及厅堂各处，还常常写在生活器具上，如米斗、钱袋、瓷碗等。如此，姓氏及族别可一目了然，凡是同姓氏和族属的华侨及侨眷，都不会忘记本族世代相传的“堂号”。大部分的华侨皆因为家中贫苦而只身一人出洋谋生，父母宗亲在故乡翘首以待，所以华侨时时刻刻挂念着远方的一切，将亲人、好友以及“摇篮血迹”牢记心头。爱乡重乡的华侨经常携带在外的子孙回到故土寻根拜祖，每逢故乡修缮祠堂、建设祖厝、抄写族谱等宗族大事，他们都乐于倾囊相助。华侨无论在何处停留驻足，都一定要组建同乡商会来寻求自己的文化归宿，这也是他们渴望亲近故乡的方式之一。在东南亚等地区，聚集了大量的华侨华人，他们不仅认宗认谱、结社建馆，还沿袭岁时习俗、传承民间信仰，同时还大力兴办教育，教习本土方言和母语文化。

第二，集美华侨在外打拼拥有财富之后并不视钱如命，他们大多乐善好施，为了改变家乡落后的面貌，发展教育、医疗事业，不吝付出财力、人力。正如，在陈嘉庚先生爱国、爱乡传统的影响之下，不同时期的爱国华侨沿着陈嘉庚先生开创的道路，将他点燃的圣火一代又一代地传递下去。

四、华侨移民迁徙形成的独特习俗

集美出海谋生、移居的人数众多，人口的大量迁徙和往来必然会导致当地社会经济关系的变化，从而使侨乡与其他非侨乡地区的社会生活方式与文化生态的差异变得更加显著。

当我们走进风光宜人、景色美丽的集美侨乡，首先感受到的是传统民居所展现的居住民俗。一幢幢糅合着中西建筑风格的楼房错落有致，引人注目。闽南传统的燕尾脊装饰西洋式的楼身，配以中国传统式的庭院大门，别有一番味道。大门顶上一定悬挂着一块书刻着本屋主人宗族来源与姓氏郡望的石匾，两边以及石柱上镌刻着具有传统气息的对联。

在服饰穿着上，侨乡地区并不局限于带有浓郁乡土色彩的传统汉族服饰，归侨、侨眷的西式服装影响了当地的侨乡人，使得西装、夹克等服饰较早地普遍流行。

华侨的移民活动不仅带来了日常风俗习惯上的改变，也在社会性习俗、礼仪、公民重大活动等诸方面产生了特定影响。例如，华侨出国前必须到公妈厅奉香拜祖，以示告别祖宗并祈求平安，然后登门话别亲友，亲友则赠以家乡土特产或治病药方为其送行，俗称“一送顺风”。“一送顺风”是一种常见的民间礼仪，每当亲人出门远行时，华侨一定要设宴欢送、馈赠特产，以此祝愿亲人行路无恙。除这两种常见的习俗之外，外出的华侨还会携带一小包家乡的泥土、一小瓶家乡的井水以及针线，表示他们对家乡故土永志不忘的深厚感情。而在临行前，他们通常还要吃下家人准备的一碗豆腐，如此便能适应海外的水土。豆腐的“腐”又与“富”谐音，寄寓着发家致富之意，有的家庭也以鸡蛋面线代替豆腐。

华侨走出家门后，还须“三回头”回望亲人与故居。华侨出海意在谋生，仅把客居地作为暂时的栖身发家之所，心之所向依旧是遥远的故土家园。而华侨返乡，对于侨乡的亲属而言，不仅意味着外出亲人得以平安归来，也意味着离散后的短暂团圆。当他们跨越海峡，踏上故乡的土地时，亲朋好友要分别举行“跨火过”和“脱草鞋”两种仪式。“跨火过”，即在踏进家门之前，将少许的干草点燃，华侨跨过燃烧的火焰，表示驱邪求得吉利。而进家门后，家中早已点亮红烛，备好甜面线和鸡蛋以示喜庆，当晚一家人还必须围桌吃饭，庆祝这来之不易的团聚时刻。与此同时，侨乡的亲属朋友还须准备猪肉、红糖、鸡蛋面线等食物，并粘贴上红色的纸条，一起到华侨家“脱草鞋”，诉说离别之情。

华侨归国，必然要携带侨居国的特产与礼品送给亲人好友。早期的赠礼中，针与线这两件东西是不可或缺的，寓意情意如针线般绵长。这些行为方式经过长期的积淀与传承，便形成了集美侨乡特有的民间习俗。

第二节 以“侨批”为载体的侨乡传统文化

华侨外出谋生，免不了思念亲人与故乡，为了缓解思乡之苦，少数华侨会选择寄信家中，诉说感情。在多数华侨眼中，将所获得的薪资寄回侨乡以改善家庭生活，比三言两语的文字要更加实在。在追求温饱的困苦年代，寄钱回乡就是海外华侨表达心意的方式，为数不多的钱财承载了丰厚的情感，集美因此孕育出以“侨批”为载体的侨乡传统文化。

在集美侨乡方言中，“批”即信件，寄信被称为“寄批”。但“侨批”并不仅仅是普通的侨信，“侨批”是侨信、侨汇的统称，是在外华侨给故土的侨眷侨属汇钱和寄信的主要方式，是与家乡的亲眷及亲友进行经济联系的凭证。闽南地区的“侨批”产生于清末金融邮政机构尚不完善的年代。早期华侨寄往家中的银信，一般由同乡回国时一并带回，或是托“水客”“客头”走单帮带回。“水客”最初只是往返于国内和南洋各地的华人，回国之际顺便帮忙带回批信与款项。随着此类需求日益增多，逐渐诞生了专门的从业者。他们替海外华侨尤其是东南亚华侨带批、带信或口信至侨眷，与此同时，也将南洋等地的土特产运回国内销售，或将本土货物运往侨居国销售。“水客”这一职业在两地往来中渐趋成熟，相应的机构也应运而生。一些“水客”兴办了侨批局或信局，并建立了站点与网络，不仅提高了华侨的汇款速度以及“侨批”与回批的传递效率，也使得“侨批”的寄送更加安全。

闽南“侨批”源于民间个体的跨国金融与通信活动，却在近代中国跌宕起伏的历史中汇聚成群体的文化行为，衍生出丰富的内涵与作用。闽南侨批以“银信合封”的方式架构起华侨与侨眷之间双向交流的桥梁，促进了彼此情感的交流与融合，使侨乡文化得以延续和传承。

现存的"侨批"多集中于福建和广东两省，而福建省"侨批"又以闽南的厦门、漳州和泉州三地居多，这些"侨批"的足迹遍及东南亚各地，饱含着寄批人的血与泪。"侨批"以其独特的文化背景，成为侨乡传统文化的重要载体，涵盖了侨乡人民物质生活与精神生活的双重维度。小小的一封"侨批"中，蕴含着物质生活、家庭组织、社会意识等包罗万象的文化内容。

作为海外华侨与国内侨眷的交流凭证，"侨批"是侨乡移民运动中遗留下的珍贵史料，也是我国侨史文化积淀的累累硕果。文化对于一个民族的影响，始终是潜移默化与根深蒂固的。"侨批"作为侨乡的特有产物，从不同角度展示出华侨华人丰富的历史文化内涵，无论外在的批封形式，抑或"侨批"的书信内容，都体现出浓厚的侨乡文化特色。

一、体现侨乡传统文化的独特风貌

闽南的"侨批"保留了中华传统文化中的书信特色，将书法艺术和句法辞章融为一体，成为联结海外华侨与家乡亲属好友的文化纽带，而侨乡传统文化正是这种联系的中心所在。"侨批"借用传统的书信形式，真实地记录了华侨对故乡亲属的思念与眷恋。与此同时，侨乡文化元素也在"侨批"批封中得到淋漓尽致的发挥。许多"侨批"批封使用象征吉祥平安的"红条封"。随着"侨批"的发展，逐渐有专业公司开始印制"侨批"批封，并在"红条封"的基础上印制不同图案的山水画。这些有山水图案的"侨批"批封，展示出中国人独有的审美意识，唤起了广大华侨对侨乡传统文化的向往和热爱。在"侨批"批封的诸多图案中，"松鹤延年"图深受海外华侨的喜爱，挺拔的松树与飘然的白鹤象征着长寿、幸福和吉祥，寄寓着海外华侨对家乡亲友的美好希望。此外，“竹报平安”的图案，也是常见的“侨批”封图，寓意家信平安寄到侨眷手中。

二、体现中华文化“百善孝为先”的内涵

《尔雅·释训》中说“善父母为孝”，东汉许慎《说文解字》对“孝”作了生动而准确的解释：“善事父母者。从老省，从子，子承老也。”自周礼文化至儒家文化，“孝”一直都是传统伦理道德的核心所在，潜移默化地影响、规范着历朝历代人的思想与行为。正是在这种强有力的传统文化熏陶下，集美华侨身在异域却心系家园、不忘亲情，所获得的薪资除却自己的开支以外，每每以“侨批”的方式寄信“搭钱”、传寄“番银”，汇给家乡的父母、妻儿、兄弟姐妹等。

《礼记·大学》也曾说：“修身、齐家、治国、平天下。”“齐家”意为管理好自己的家庭和家族，让家族成员齐心协力、和睦相处，使家族兴盛。因此，当他们将辛勤劳作的财富辗转送到亲人手中的时候，这些银钱之下的书信也寄寓了他们对父母的孝心，对家庭和睦的期盼，对家族子弟的期望，乃至对同宗、乡邻的关怀。

传统儒家文化重视“五伦”，其中“父子”“夫妇”“兄弟”是传统“家庭”关系的主体，说明了人在家庭中应承担的不同义务和责任。在传统家庭观念之外，以血缘关系为纽带建立起了宗族观念，认为家庭、宗族利益高于个人利益，个人荣辱与宗族荣辱息息相关。

三、体现华侨同仇敌忾的爱国热忱

在战争年代，海外华侨为国家、民族的存亡舍生忘死、勇于献身，其崇高的爱国情怀在“侨批”中常有表现。1928 年 5 月 3 日，日军进攻济南，进行大规模屠杀。华侨同仇敌忾，迅即行动。陈嘉庚领导“山东惨祸筹赈会”，开展筹募赈款运动，得到了树胶公会

的支持，该公会筹赈义款高达20万元。除担任“山东惨祸筹赈会”主席、积极在南洋筹款救济难民外，陈嘉庚还在南洋华侨社会中发起抵制日货运动。1928年5月12日，菲律宾怡朗的“侨批”批封上就出现了抗日歌曲的戳印：“奉劝诸君要记得，东洋货色刁不得。如果买了东洋货，便是洋奴卖国贼。”批笺上有“勿忘国耻”笺头。“侨批”不仅是海外华侨华人移民史及创业史的生动写照，更是动荡年代华侨爱国行为与情感的见证。抗日战争时期，在海内外都有华侨参与抗日的身影，这些通过一封封“侨批”书信也得以记录保存下来。“侨批”以及书信的内容，真实反映了海外华侨华人在民族危亡之时的爱国情感。

四、体现故乡社会的改革理想

近代福建海外华侨人数众多，其地方社会形态的变化可视为中外文化交融的一个颇具代表性的缩影。他们将海外的所见所闻，内化为自己的见识与认知，外化为对家乡变革的热切期望，将其他国家的现代市政模式、生活方式以及先进的思想理念带回祖国，这种改革故乡社会的美好理想在集美侨乡中表现得尤为突出。

被毛泽东誉为“华侨旗帜，民族光辉”的爱国华侨领袖陈嘉庚先生在自传《南侨回忆录》中，曾以万余字畅述中外市政建设的不同以及他对祖国城市改革的社会理想，并从卫生和住宅状况入手，将新加坡与中国的城市状况进行比较，认为中国市政亟须改善；另对亚洲、欧洲、美洲的人民健康和城市建设概况进行综述，从而勾画出一幅具有前瞻性的中国市政改革图景。此外，陈嘉庚还以欧美城市之发达为典范，规划了中国城市发展的远景：“故宜乘兹放大眼光，将全国各城市筹备测划，预定市图，街路须横直整齐，前街后巷，阔度相当。目前先建筑二三层楼屋，后来可以改建十层八层高楼。至公共应用地方，如政府机关、菜市、民众教育机关、运动场、游艺场、公园等，须精密预计。若较广大城市，并加人行道及种树。工厂住宅须分区……”①陈嘉庚先生希望“一二十年之后，全国城市皆有园林之胜，居民获寿康之福矣”②。他的这幅改革蓝图正是华侨在中外文化交融之下催生的社会理想，在如此光明愿景的驱动之下，海外华侨为福建城市近代变迁做出了巨大贡献，成为福建省近代公共事业和慈善事业的主要倡导人和投资者。

在城市近代化机制启动之后，近代卫生事业、市政设施、学校教育等市政建设中的许多公共事业由华侨集资建设和维系。现代城市公共事业的引入，不仅为其他民族资本主义工商业的发展提供了基础条件，更重要的是，它们悄然改变着人们的日常生活方式。人们不再日出而作，日落而息。现代服务业开始兴盛，文化生活更加丰富多彩，卫生和健康条件也日益改进，这一切都进一步促进了人们思维的转变，进而从根本上促进了社会的转型。正是由于华侨对家乡的热爱，他们才将自身在海外的跨国经验带回故土，并将他们富民强国的社会理想付诸实践。

以集美为例，华侨或归侨除了对近代工商业进行大力投资，还直接参与了城区改造、公路建设以及其他公益事业。这其中，华侨对文化建设的贡献最大，特别是在现代教育事业的创办或开拓中。陈嘉庚先生开创了华侨在侨乡捐资办学的新风气，在他的影响之下，福建省各地华侨纷纷在家乡兴学，使集美侨乡的新式教育有了较快的发展，这一切在民间往来的“侨批”中均可得到印证。

作为以文字记录为主的纸质载体、亦汇亦信的跨国通信汇款形式，“侨批”是在特定时代、特定地域、特定族群中形成的真实记

---

① 陈嘉庚：《南侨回忆录》，长沙，岳麓书社，1998，第455页。

② 同上篇。

录历史的记忆遗存，在侨乡传统文化的传承与发展中扮演着不可或缺的角色。无数的集美人远赴东南亚等地，带去人力资源、劳动技术、经商经验等，积极参与侨居国的社会经济文化建设。与此同时，集美华侨华人通过“侨批”传输侨汇和侨资，在两地传递科技与文明，也为祖国家乡的建设做出了巨大贡献。集美侨乡文化以“侨批”为载体，从家族宗亲理念出发，形成以血缘、地缘为轴心的乡土观念，最后演化为热爱祖国的民族情感，完成了从“家”到“乡”至“国”的升华。正是在这种感情交流中，侨乡传统文化得以传承并不断向外拓展。

第三节 以“嘉庚精神”为旗帜的侨乡精神文化

集美侨乡孕育了众多爱国华侨，陈嘉庚先生便是其中的杰出代表。他一生倾资兴学，维护国家团结，成为“爱国爱乡、海纳百川、乐善好施、敢拼会赢”的光辉典范。

陈嘉庚是富有传奇色彩的华侨领袖，他经历了国内外复杂的历史阶段，在经济、政治、社会活动等诸多实践中，特别是在投身文化教育建设的过程中，逐渐形成了深刻的思想认识和崇高的精神品质——被世人传颂的“嘉庚精神”。“嘉庚精神”不仅是集美的宝贵财富，也是引领集美侨乡精神文化的光辉旗帜。

陈嘉庚一生以中国传统文化中立身处世的道德为做人准则，同时也吸收了西方进步文化来丰富、提升自己的精神境界，对于古今中外的思想文化，推陈出新、兼容并包，使得“嘉庚精神”的内涵更为丰富深厚。爱乡爱国、维护团结，即“忠”，是“嘉庚精神”的本质；倾资兴学、无私奉献，即“公”，是“嘉庚精神”的主要体现；实事求是、言信行果，即“诚”，是“嘉庚精神”的灵魂准则；百折不挠、坚韧不拔，即“毅”，是“嘉庚精神”的精髓所在。

如今，陈嘉庚先生的子孙和集美校友遍及世界各地，他们不仅在不断地践行、传承“嘉庚精神”，同时也在传播、发展以“嘉庚精神”为旗帜的集美侨乡文化。

一、陈嘉庚助力祖国建设、嘉惠乡梓子弟

“凡事只要以国家利益、人民利益为依归，个人成败应在所不计。”陈嘉庚17岁离开故乡，赴南洋经商，凭借着优秀的品德、坚毅的个性和开拓进取的精神，经过艰苦创业，从一个渔村少年成长为东南亚华侨工商代表。他始终把祖国和民族的利益放在首位。陈嘉庚先生是华侨史上第一个将东南亚华侨紧密团结起来的杰出领袖。1937年后，他在新加坡组织了“南洋华侨筹赈祖国难民总会”，募集巨款，动员3 000多名华侨机工回国服务，支援祖国抗战，成为抗日民族统一战线的一面旗帜，为民族解放事业做出了特殊的贡献。中华人民共和国成立后，他代表海外华侨回到祖国，为国家建设建言献策。

1923年，孙中山嘉奖集美为“中国永久和平学村”。自1927年3月始，集美侨乡所属各教育组织统称为“学校”。这些由陈嘉庚先生倾尽心血一手创办及赞助的学府有十几所。集美学校的建立为集美乃至整个福建省的教育事业奠定了深厚的基础，其声名也广为人知。

陈嘉庚先生虽在海外起家，却仍旧将自己的所想所愿落实到具体的行动上。陈嘉庚先生为祖国家乡的建设无私奉献，丝毫不吝啬自己的财力，即使在企业经营危难之际，也要将集美侨乡的教育放在重中之重的位置，分毫不减对集美学校的捐资，而自己的家庭生活却极为节俭。

陈嘉庚先生的孙子陈君宝曾讲述过一个故事：陈家有一套老式家具用了几十年，已经破旧不堪，奶奶想换掉置办一套新家具，

祖父却不让换。奶奶很生气，就抱怨说你建学校千千万万元都愿意捐，家里几百元的家具都不让买。祖父答道，该花的钱千千万万元都要花，不该花的钱一分一厘也要省。在嘉庚先生看来，国事自然大于家事，集美侨乡的教育建设也远远重于一套家具，对自己苛刻一点，就能为家乡的建设多捐献一点。由此可见嘉庚先生对于家乡、祖国的一片赤诚之心。集美侨乡始终与嘉庚先生血脉相连，不可分离。他以坚实的臂膀扛起"爱乡、爱国"的大旗，积极推动侨乡的文化教育建设，体现出一种"虽千万人，吾往矣"以及"以天下为己任"的崇高精神。

二、"嘉庚精神"的内涵

"嘉庚精神"的提出，经历了一个较长的过程。早在1940年11月，厦门大学出版《厦大通讯》"欢迎陈嘉庚先生专号"，刊有题为"嘉庚精神"的文章，之后很长一段时间内主要提及陈嘉庚先生的"爱国精神""牺牲精神""教育思想"等。1989年起，集美陈嘉庚研究会会刊《陈嘉庚研究》陆续发表以《弘扬嘉庚精神》《运用嘉庚精神》为题的几篇文章，如赵霆的文章写道："陈嘉庚的精神是一部人生价值的最好教材，是净化人们心灵的神圣殿堂，是我们学习的最好榜样。"[①]此后，"嘉庚精神"的提法越来越多，出现了许多包含"嘉庚精神"的题词，包括以陈嘉庚名字命名的研究成果、机构、组织、奖项、赛事等。历经时光的洗礼，"嘉庚精神"成为后人永恒的敬仰。"嘉庚精神"的核心内涵包括爱国、奉献、诚毅、勤俭、创新五大要素：

1. 爱国——"嘉庚精神"的本质特征

陈嘉庚的一生，是一位真正的爱国主义者的缩影。他不仅在

---

① 转引自林德时：《嘉庚精神及厦门发展》，厦门，厦门大学出版社，2010，第86页。

事业上取得了显著成就，更在精神上深深扎根于对祖国和民族的忠诚与热爱。作为海外华侨领袖，他始终心系祖国的命运，无论身在何处，始终把振兴中华、报效祖国作为自己终身的责任和使命。

2. 奉献——“嘉庚精神”的主要体现

陈嘉庚始终热心办学，志向坚定，几乎倾尽毕生的精力和财富，创办和资助的学校上百所，为祖国和人类社会的进步培养了许多人才。他在办学上的理论和实践逐渐形成了独特的体系，办学时间之长、规模之大、培养人才之多、毅力之坚，堪称罕见。

3. 诚毅——“嘉庚精神”的精髓所在

陈嘉庚确立了“诚毅”作为“集美学校”的校训，他以身作则，严于律己，提倡忠于实际、践行信用与义务、待人诚恳、不做虚伪浮夸之言，反对武断。他不仅是“诚毅”精神的积极倡导者，更是这一理念的践行典范，秉持实事求是、言信行果的做人之道。

4. 勤俭——“嘉庚精神”的传统本色

陈嘉庚信奉“勤能补拙，俭可养廉”的古训，对勤俭有着深刻的理解，并且在实践中贯穿始终，展示出中华民族的勤劳、节俭、吃苦耐劳的传统美德。勤俭精神也因此成为“嘉庚精神”在国内外广泛传播和产生共鸣的根源之一。

5. 创新——“嘉庚精神”的时代特点

陈嘉庚深知，实业的成功不仅依赖于雄厚的资本，更在于经营是否得当。他紧跟时代，积极改革，致力于兴利除弊、革新社会陋习，探索新型教育模式，改革企业管理体制和华侨社团领导机制等。他大力提倡移风易俗，树立良好的社会风气，对社会各个领域的改革都做出了深远的贡献。

三、“嘉庚精神”之于侨乡文化的重要意义

文化是一个国家和民族的灵魂和根脉，是国家和民族凝聚力与创造力的重要源泉，也是推动社会政治经济发展的重要力量。文化的魅力在于其多样性，每个国家、民族或地区的文化都自有其特色。“嘉庚精神”作为一种精神文化，不仅引领了无数海外华侨、爱国人士投身集美侨乡的建设，构建了侨乡特有的“嘉庚”文化，也对侨乡文化的发展产生了重要影响，成为集美的文化标志。如今还出现了以“陈嘉庚”名字命名的科研成果、建筑物、机构、组织、赛事、奖项等，形成了一种独特的文化现象。

1. 嘉庚学院

嘉庚学院位于厦门大学漳州校区，校区占地 2 726 亩。校园依山面海而建，与厦门大学思明校区隔海相望。校园建筑以嘉庚风格建筑为主，中西合璧，恢宏大气，坐落于湖光山色之间，给学子们营造了沐浴书香、畅游学海、静学深思的修读氛围。

“以学生为中心”是嘉庚学院的核心办学理念。嘉庚学院坚持运用这一理念指导办学实践，实施“宽口径、厚基础、重能力、求个性”的人才培养模式，推行“服务与管理”并重的学生工作模式，全力营造因材施教、因势利导、尊重个性、激发潜能的教育环境。

嘉庚学院遵循“教学与科研并举，以有效教学见长”的发展思路，在不断提高教学质量的同时，将大力发展科研工作作为学校新一轮跨越发展的重大举措和生长点之一。一方面，学校立足于培养应用型、复合型人才的办学定位，博采众长，大胆创新，既严格遵循教育规律，规范办学，完善教学质量保障体系，又全力加强师资队伍建设，努力推进各项教学改革；另一方面，学校加大力度，循序渐进，逐步推进科研工作，提升学校的整体办学水平和教育质量，增强社会服务能力。

在陈嘉庚先生“自强不息，止于至善”的精神指引下，嘉庚学院坚持规范与创新并举的发展思路，努力为学生提供优质教育，为社会培养人才。

2. 陈嘉庚纪念馆

陈嘉庚纪念馆位于集美街道浔江路东海岸，于2008年冬对外开放。它属社会历史类名人纪念馆，为陈嘉庚文物资料的主要收藏机构、宣传教育机构和科学研究机构。该馆充分发挥社会教育功能和作用，推进了集美文化建设，成为集美区重要的爱国主义教育基地、终身教育课堂和文化休闲场所。

3. 嘉庚公园

嘉庚公园位于集美街道鳌园路鳌园北侧，并与鳌园相连，有一组仿古亭台楼阁建筑群，如“鳌亭”“命世亭”等，有石雕“桃李芳菲”“尊师重教荣誉碑”等景。

4.“嘉庚建筑”及“嘉庚瓦”

“嘉庚建筑”主要集中在厦门，其中，集美学村和厦门大学(思明校区)的早期建筑于2006年5月25日被国务院公布为第六批全国重点文物保护单位。中华人民共和国成立后，陈嘉庚定居集美，他专心研究地方建材，应用花岗岩石材、利用本地的黏土与砖瓦厂合作生产釉面红砖，特别是规格统一的橙色带滑面的大片瓦，被称为“嘉庚瓦”。

5. 嘉庚铜像

在陈嘉庚先生故居正前方的归来园内，矗立着一座高2.3米的陈嘉庚全身铜像。除此之外，还有集美大学本部东大门内的陈嘉庚全身铜像、集美乐海路南侧厦门第二医院内陈嘉庚雕像、集美工业学校和厦门大学内的陈嘉庚铜像等。设立铜像以供后人缅怀陈嘉庚的高尚人品和伟大精神，显示了陈嘉庚与“嘉庚精神”的强劲感召力与影响力。

上述这些现象无不凸显了“嘉庚文化”的丰富内涵和集美侨乡深厚的文化底蕴。以陈嘉庚为代表的海外华侨，高举“嘉庚精神”旗帜，对集美侨乡的文化建设做出了巨大的历史贡献，产生了深远的影响。当代集美人将发扬先辈优良传统，不忘初心，砥砺前行，推动侨乡文化建设进入一个新的发展阶段。

侨乡文化以传统文化、闽南文化为主体，融入外来文化因子，在本土文化与外来文化的交汇融合中焕发出新的生机。身在海外的华侨念祖爱乡，构成了侨乡社会发展的重要推动力。正是由于他们直接或间接地将人力、物力、财力以及先进的思想文化与信息等持续不断地从国外输入侨乡，才加快了侨乡经济结构、乡村治理、观念行为与文化生态的转变。因此，华侨与侨乡文化是无法割裂的整体。而侨乡虽与海外联系紧密，深受海外文化的影响，但悠久雄厚、灿烂博大的中华文化才是侨乡的母体，也是华侨的美好家园。

第六章
集美侨乡文化建设的新发展

第一节　薪火相传：侨乡文化走进新时代

推动集美侨乡文化建设开创新格局、扩大影响力，首先要在传承好侨乡文化优良传统的基础上，不断与时俱进。从宏观历史视角来看，“作为中华文化一个重要组成部分的闽南文化，是一种二元结构的文化结合体。这种二元文化结合体既向往追寻中华民族的核心主流文化，又在某种程度上顽固地保持边陲文化的变异体态”①。濒海多山的地缘特点，使闽南文化一方面保有中华传统文化所赋予的稳定性，从主体上体现着民族文化的结构共性；另一方面，与海外的广泛联系、交流，又促成了闽南文化与现代多元文化融合中的嬗变。

集美地处中国东南沿海，历史上数次北方人口的南向播迁，促成在集美当地民族文化大融合。被诗书礼乐熏陶的集美人，身上无不流淌着忠孝仁义的血脉，即使远涉重洋，相隔经年，依然对故土保有一颗赤诚反哺之心。

一、华侨反哺

侨乡经济建设离不开华侨的精诚反哺，侨乡的文化建设亦无不渗透着历代华侨的心血汗水。

早在百年之前，陈嘉庚先生筚路蓝缕、倾资兴学，建立起由学前教育到专科学校、大学教育，体系完善的集美学村。在陈嘉庚无私兴学的感召下，以陈氏家族、集美校友为代表的集美有识之士纷纷加入到兴学育化的行列中来，极大地推动了集美文化事业体系化的发展。

---

① 陈衍德、卞凤奎：《闽南海外移民与华侨华人》，福州，福建人民出版社，2007，第1页。

著名华侨李尚大先生，中学时代曾就读于陈嘉庚创办的集美中学。他常说："我在陈嘉庚先生创办的学校读过书，陈嘉庚校主是我一生最崇敬的伟人。"①李尚大也一直用行动践行着他对校主陈嘉庚先生心系家乡、无私兴学的景仰。

1993 年，李尚大先生向福建省政府倡议将集美原有 5 所高等院校合并，创办集美大学，并于 1996 年集美大学成立董事会时出任副主席。李尚大先生带头捐资，先后支持创办集美大学工商管理学院、诚毅学院，陆续捐建集美大学行政主楼、国际学术交流中心和生物工程学院大楼等，为集美文化教育事业发展做出了巨大贡献。

在直接捐资兴学之余，各方人士亦纷纷成立基金会，推动集美文化教育事业长期繁荣发展。海外乡贤大力弘扬"嘉庚精神"，发扬勤于公益、乐善好施的高尚风格，弘扬爱国爱乡、奉献社会的爱国精神，积极开展捐资助学、助医、助困、扶贫等工作，促进家乡各项事业发展。五年来，累计发放李厚基金、汪渊基金、素香基金、陈嘉麟基金、陈永和基金等各类助学助教基金 77.1 万元，帮扶奖励 239 名师生。

在个人捐助之外，集友银行的股东们为纪念集友银行的创办人陈嘉庚先生的功绩，于 1989 年出资设立了厦门市陈嘉庚教育基金会。30 多年来，该基金会为集美各校师生颁发奖教、奖学金 950 余万元。正是有了历代华侨的无私反哺，侨乡集美的文化事业发展才得以呈现出如今的蒸蒸日上之貌。

2015 年 5 月，陈六使先生的嫡孙陈锡远偕夫人、陈永和后代访亲团、新加坡南洋大学校友会周增禧会长一行回集美省亲观光。访亲团中不少青年一代是第一次回乡谒祖，经过几天的参观、交

① 任镜波等：《纪念李尚大》，厦门，厦门大学出版社，2009，第 136 页。

流与座谈，他们深切体会到了浓浓的乡情、亲情，感受到了祖辈和父辈爱国爱乡的高尚情怀，表示要继续传承弘扬先辈遗愿，一如既往地支持家乡建设。

另据统计，仅2016年，集美区就接待了来自15个国家和地区的侨团12个，共计245人次，海外知名人士30余人次，接受海内外侨界群众来信来访31人次，并首次组织了“华裔学生看集美”活动。这些文化交流活动进一步增进了海外华侨对侨乡集美时代新变的了解，为携手推动侨乡经济建设新发展、文化建设新繁荣创建了更为广阔的平台。

二、社会共建

集美区在发展的过程中，不断深化“人文集美”发展战略，传承和弘扬“嘉庚精神”。集美区具有丰厚而独特的文化底蕴，在近些年的发展过程中，充分发挥侨乡文化优势，凝聚华侨力量，深入发掘自身文化潜能，举办了一系列别具特色的主题文化活动。同时，集美区还积极制定相应政策，吸引社会优质资源注入，充分发动社会力量参与到“人文集美”的建设中来。

(一)文化传媒沁润民心

聚民意，传政声。1997年3月15日，在爱国华侨陈嘉庚先生出生地集美诞生了一份区级侨报《集美报》。20余年来，《集美报》作为集美区的舆论高地，在对外推介侨乡集美，对内聚民意、外传政声中扮演了无可替代的角色。

集美区文学艺术界联合会创办的《集美风》文学杂志，设有文学岛、南薰楼视角、艺术广场等专栏，将侨乡集美的特色文化渗入字里行间，沁润读者的心田。近年来，集美区文联还举办了“集美文艺讲堂”系列讲座，旨在让文艺走向大众，着力提高文艺爱好者的文艺素质和艺术水平，对建设“美丽厦门，人文集美”起到了促进作用。

(二)文艺作品、社科著作成果丰硕

山海相集，文艺至美。集美向来有良好的文脉传承，修艺致学者，古今相继。20世纪初，陈嘉庚返乡倾资兴办集美学校，大批文艺工作者云集集美，侨乡集美文风自此绵延昌盛。1997年和2006年，集美区文学工作者协会与诗词学会先后成立。2007年，《集美诗词》期刊创刊，持续刊登本地作者新创作的诗词，鼓励新生代青年诗人发表作品。

21世纪以来，广大文艺工作者潜心创作，于天风海涛之间，孕育出丰硕的具有侨乡特色的文学作品，其中不乏荣获国家级奖项的优秀作品。其中，王小林创作的长篇叙事诗《风雨同舟，携手同行》获得第四届全国新世纪之声诗歌一等奖，卢建端的《情感边缘》获北京长篇小说杂志社最佳小说二等奖，夏敏的《红头巾下的村落之谜》获中国民间文艺山花奖三等奖等。

集美区社会科学领域作者众多，成果颇丰，每年都涌现出一批具有鲜明侨乡文化特色的优秀社科著作，其中对以陈嘉庚为代表的优秀华侨的介绍和研究居多，节录如下。

《陈嘉庚言论集》 陈嘉庚著。编者将《陈嘉庚自序》《畏惧失败才是可耻》和陈嘉庚在1918年至1949年的言论汇为一书，由新加坡怡和轩俱乐部、陈嘉庚基金、集美陈嘉庚研究会于2004年10月联合出版。前冠陈嘉庚1918年肖像1幅，插图12页，全书314页。

《陈嘉庚的亲属、族亲及事业襄助者》 政协厦门市集美区委员会编纂，主编朱晨光。此书由陈嘉庚、陈嘉庚亲属、陈嘉庚族亲、陈嘉庚事业襄助者四个部分组成，辑录人物简介59篇，后附陈嘉庚子女名录，25万字，于2002年12月印行。

《陈嘉庚在归来的岁月里》 作者张其华，陈嘉庚晚年秘书。

作者以其亲身经历，记述陈嘉庚从1950年回国定居到1961年逝世的心愿期望、工作与生活，真实完整地展现了陈嘉庚最后一段人生旅程。书后附有陈嘉庚在全国政协会议、人大会议上的发言和文稿11篇，共计16万字，由中央文献出版社于2003年出版发行。

《陈敬贤先生纪念集》　政协集美区委员会、集美陈嘉庚研究会编纂。本书将陈敬贤的生平分为幼年丧母、坎坷童年，教育立国、督建学校，同心协力、开拓事业，研究调和法、顽抗病魔，英年早逝、各界哀悼5个部分，另收录其亲属、友人撰写的陈敬贤传略和史料12篇，12万字，于2003年印行。

《循履嘉庚业迹——集美乡贤陈文确、陈六使家族传略》　集美区归国华侨联合会、集美陈嘉庚研究会编纂，主编陈少斌。是书为集美乡贤陈文确、陈六使家族传略，全书分作创业、公仆、兴学、爱乡4篇，前有影集，辑录照片63张，附录集美社陈氏本支世系，6万余字，于2003年6月印行。

《在陈嘉庚故乡五十年》　刘惠生著。本书收录作者撰写的回忆录和论述文章，缅怀陈嘉庚的丰功伟绩，集学术性、史料性、知识性、趣味性于一体，收入照片4页，全书21万字，由天马图书有限公司于2002年出版发行。

《集美学校校友名人录》　中共厦门市委党史研究室、集美校友总会、集美学校委员会编纂，主编黄顺通，副主编刘正英、刘惠生、李梓平、陈瑞仁。本书收录集美学校建校以来所涌现出来的革命家、科学家、艺术家、企业家、劳动模范、先进工作者等600余位优秀校友的业绩，以姓氏笔画为序。前冠王毅林“代序”和伍仁之撰写的《陈嘉庚与集美学校》，后附“后记”，全书36万字，由中央文献出版社于2000年9月出版发行。

《集美学校校友名人录》(第二辑)　集美校友总会编纂，主编白少山。书中收录曾在集美学校各校学习和工作过的各级各类专门人才和出类拔萃的人物500余人，以姓氏笔画为序。后附任静波为纪念集美学校创办90周年而撰写的文章《尽国民一份子之天职，把一生所得概办教育》和集美校友总会第六届理事会名单，全书28万字，由中央文献出版社于2003年10月出版。

《集美史略》 颛蒙叟编著。本书收录有关集美和陈氏的文章史料51篇，分作集美古今、集美社近代大事记、集美人物春秋、宗祠祖茔纪事、寻祖花絮、闽南民俗6部分，16万字，于2002年印行。

《集美年鉴》2016年卷 厦门市集美区地方志办公室编纂。该卷卷首设《辉煌“十二五”——集美区经济社会发展成就回眸》图集，主体部分设区情概览、大事记、中共集美区委、集美区人大常委、集美区人民政府、集美区政协、法治与军事、民主党派与群众团体、农业与水利、工业与建筑业、建设与环保、交通与物流业、电信与信息业、商贸服务与旅游业、经济与财税管理、科技与创新、教育、文化与体育、卫生与计划生育、社会与民生、镇与街道、人物与先进集体22个类目，下设111个一级分目，121个分目，1181个子目，收入图片169张、表格52张，全书81万字，由方志出版社于2017年出版。

《陈清平闽南曲艺戏剧选》 集美区文化局主编。本书收入陈清平2000年前创作的答嘴鼓、厦门说书、说唱、故事、闽南话歌词、戏剧等作品50余篇，20万字，由香港雅威出版贸易公司于2000年出版发行。

(三)资本助力文化产业

集美区大力发展文化产业，率先编制全省首部县区级文化产业布局规划，打造国际集美节旅游品牌，成功举办了海峡两岸龙舟文化节、国际气球艺术节、草莓音乐节、集美·阿尔勒国际摄影季、中国汽车场地越野锦标赛等高规格活动。集美新城重点加快软件动漫设施、文化旅游等产业开发，完善医院、学校、文体等公共服务配套，提升人居环境吸引力，打造新城建设样板。在政策引导下，大量优质社会资本迅速涌入这片热土，厦门老院子景区、厦门灵玲国际马戏城和集美动漫小镇等一批文化演艺场馆先后投入运营。

1. 厦门老院子景区

厦门老院子景区由山东华夏文化旅游集团斥资 28 亿元建设。景区位于厦门北站南 400 米处，占地 10 公顷，总建筑面积 9.18 万平方米，包括老院子民俗文化风情园和神游华夏大剧院两部分。其中，民俗文化风情园分为妈祖文化园、民俗文化村和中华姓氏文化园，通过闽南渔家百姓寻常的生活场景，讲述下南洋几代人的生活、创业经历，集观赏性、体验性、文化性于一体，多角度展示闽南的渔村文化、民俗文化、妈祖文化、南洋文化以及寻根溯源的始祖文化。主打实景剧《闽南传奇》分为“天造鹭岛”“岛城大战”“南洋历险”“渔村人家”“龙的传人”“福佑华夏”6 幕，以闽南文化为主线，集声光电等高科技手段与国际最新的演艺技术于一体，演绎鹭岛传说、英雄战歌和闽南人的奋斗史。①

2. 厦门灵玲国际马戏城

厦门灵玲国际马戏城位于集美新城片区，总建筑面积 15.91 万平方米，总投资 10 亿元。马戏城由大型室内马戏表演场、超五星级马戏主题酒店、马戏魔术表演一条街和自然标本博物馆四大板块组成。主体工程马戏表演场呈椭圆形，最大跨度 120 米，高 50 米，能容纳 1 万名观众同时观看，是世界上最大的马戏表演场。

提供文化消费一站式服务的集美新城，已成为时尚青年聚集

① 厦门市集美区地方志办公室：《集美年鉴 2017》，北京，方志出版社，2017，第 12 页。

之地。新城的“城市演艺中心”也已成为厦门乃至海西的文艺新高地。

3. 集美动漫小镇

2016 年，集美区政府与咪咕公司签订战略合作协议，双方将建立长期的战略合作关系，共同打造以动漫为特色的文创小镇，推进本土泛娱乐产业的发展。经多方努力，2017 年 12 月，集美动漫小镇列入省级第二批特色小镇创建名录。

2018 年 11 月 2 日，第十一届海峡两岸(厦门)文化产业博览交易会在厦门国际会展中心正式拉开帷幕，集美区就快乐工场项目与合作方进行现场签约。“快乐工场是拟由北京快乐工场网络科技有限公司投资在动漫小镇的一个动漫影视项目。项目投资共约 1 800 万元，计划将打造一个动漫影视产业园，引入几十家规模以上动漫企业及百部头部动漫 IP 落地集美动漫小镇。”①

4. 文创助力文化新布局

在社会各界的共同努力下，集美区文化建设成果喜人。近年来，在文化创意产业上，电视动画片《陈嘉庚的故事》等一批文艺精品先后问世。《集美弄龙阵头》获国家民间文艺最高奖山花奖。2016 年，集美区引进华谊兄弟影院并投入运营。罗普特飞越海峡项目和北大青鸟国家音乐基地项目进入立项阶段。

2015 年，集美区与厦门市文广传媒集团合作打造集美影视产业基地，按照“一园多区”的规划布局，除了集美集影视文创总部园区，还搭建了外景区、摄影棚区及酒店、住宿、餐饮等综合配套服务区，形成了一条完整的影视产业链。目前，园区招商入驻企业已达数百家，集美影视产业呈现出一片欣欣向荣之态。

---

① 林小芬：《中国版“漫威”落户集美》，载《集美报》，2018-11-09。

此外，2015年被全国台联授予“海峡两岸青少年新媒体文创交流基地”的海蛎文创空间目前已有洛米文化、大域智能、华微影视等20多家文创企业入驻。2016年，该文创空间年产值已超过2 000万元。另外，兑山艺术区集聚知名艺术家工作室和“艺术＋科技”企业近40家，2016年经营总产值达67万元。大社文创旅游街区充分展示闽南文化、侨乡文化、学村文化，成为厦门闽南文化生态保护示范基地。

近年来，随着我国影视产业的高速发展，集美凭借优美的自然环境、深厚的人文底蕴，成为越来越多影视剧拍摄制作的基地。从《同桌的你》《我的早更女友》到《我们的爱》《重返20岁》，不少影视作品中都能看到集美印迹。

2018年11月23日，备受瞩目的“2018集美·阿尔勒国际摄影季”在集美新城市民广场展览馆揭幕，来自世界各国70多位艺术家的30多个展览项目集中亮相。这是走过49个年头的法国阿尔勒国际摄影节第四次与集美牵手。

本届摄影季由集美区文联指导，北京三影堂摄影艺术中心与厦门市天下集美文广传媒有限公司联合主办。本届摄影季内容更加丰富，国际元素更浓，在为期一个多月的展览中，呈现来自世界各国70多位艺术家的作品，展出包含从夏季法国阿尔勒摄影节中精选的8场“年度阿尔勒”单元在内的30多个项目。[①] 开幕周期间，举办讲座、表演和策展人及艺术家导览等一系列面向摄影专业人士、艺术爱好者和公众的活动。

在社会资本的协同效应下，集美区近些年迅速完成了文化产业升级，文化产业蓬勃发展，文化旅游业态得以进一步完善。

---

① 郭妮妮：《光影盛宴中人文集美更添国际范》，载《集美报》，2018-11-27。

第二节 向上向善：侨乡文化谱写新华章

一、政策引领

集美区具有浓厚的文化底蕴，集美区委区政府始终致力于“文化强区”建设，以“一精神三文化”(即“嘉庚精神”、华侨文化、闽南文化、学村文化)为核心，弘扬“嘉庚精神”，传承中华优秀传统文化。

“十三五”规划以来，集美区文化部门坚持贯彻实施“人文集美”发展战略，巩固全国文化先进区创建成果，推动集美“文化强区”建设，加快构建现代公共文化服务体系，相继制定《集美区加快构建现代公共文化服务体系实施方案》和《集美区基本公共文化服务标准》，统筹推进公共文化服务均衡化发展，公共文化服务水平再上新台阶。

近年来，集美区进一步加大文化产业政策的扶持力度，以发展文化产业推动“文化强区”建设，促进经济发展。

集美区委区政府坚定实施中华优秀传统文化传承发展工程，加强华侨文化、闽南文化、学村文化的挖掘整理、研究阐释和保护传承；加快侨乡博物馆的筹建，保护和修缮特色侨房，建设中国最美侨乡；深化闽南文化生态保护实验区建设，办好省级闽南曲艺创作基地，保护和促进“非遗”传承；提升学村品位，推进集美学村历史文化街区建设。

二、多维并举

(一)学村文化建设

为纪念著名爱国华侨领袖陈嘉庚先生，从 2014 年开始，每年 10 月被确定为厦门市的“嘉庚精神宣传月”。集美作为“嘉庚精神”

的发源地，更是把包括“嘉庚精神”在内的“一精神三文化”作为推动人文集美发展的宝贵精神财富，通过一系列内容丰富、形式多样的主题教育实践活动，深入挖掘“嘉庚精神”的时代价值，不断扩大“嘉庚精神”的影响力，弘扬社会主义核心价值观，为集美建设“高素质高颜值的跨岛发展最美新市区”凝聚精神力量。

“嘉庚精神”传承百年，历久弥新。集美区准确定位，打造“嘉庚精神”领航基地，使“嘉庚精神”创新发展、薪火相传，成为引领人文集美发展的一面旗帜。

集美学村文化艺术节结合时代特色，通过系列艺术活动，将集美侨乡的特色文化以群众喜闻乐见的方式演绎出来，增强了学村文化的生命力和影响力，并为集美侨乡特色文化在新时代的发展注入了新动力。

(二)文化遗产保护

文化遗产对传承与弘扬集美侨乡特色文化具有重要意义。集美区政府于 2014 年开展第一次全国可移动文物普查。集美区文化遗产资源丰富，开展可移动文物普查，有利于准确掌握和科学评价文物资源情况和价值，建立文物登记备案机制，健全文物保护体系，保障文物安全。

2016 年，集美区以保护和传承为重点，持续推进文化遗产保护工作。实施《集美区非物质文化遗产保护和传承暂行办法》和《集美区进一步加强文物保护工作的通知》，规范文化遗产保护工作；公布第二批集美区非物质文化遗产项目和代表性传承人，并扶持“非遗”项目，支持代表性传承人开展工作；传承闽南文化；做好文物保护单位的日常维护和宣传工作，配合市规划委做好集美学村申报“省级历史文化街区”工作。[①]

---

① 厦门市集美区地方志办公室：《集美年鉴 2017》，北京，方志出版社，2017，第 190 页。

经过多方努力，2017 年 4 月，集美学村被列为第二批福建省级历史文化街区，不可移动文物规模超过 18 万平方米，完好比例达 91%，历史建筑规模超过 3 万平方米，共有核心保护范围 73.6 公顷，建筑控制范围 64.5 公顷，学村内国家、市、区级文物保护单位 50 多处。

(三)文化惠民工程

近年来，集美区高标准建设公共文化设施，以完善公共文化服务体系。按照国家双甲级综合性体育馆标准建设的嘉庚体育馆，大大提升了集美作为区一级行政中心承办赛事、文艺演出的能力。集美广电中心的建成，加强了集美宣传文化阵地的导向作用。这些高标准、高起点、大手笔的公共文化事业设施，不仅功能齐全，而且充分实现了资源的合理配置，进一步提升了集美区的公共文化服务能力。

1. 诚毅科技探索中心

诚毅科技探索中心位于集美新城核心片区杏林湾路 339 号，总建筑面积超过 5 万平方米。其中，地上 4 层，由主展馆和 2 个特种影院组成，采用现代嘉庚建筑风格设计；地下 1 层，设有航海和航空 2 个主题餐厅。诚毅科技探索中心以“创意、艺术、体验、科技”为设计理念，围绕航海、航空航天、自然灾害和信息通信四大主题，运用声光电等高科技手段，巧妙地布设贯穿展馆立体空间的主题秀场、遍布展馆的主题互动体验区、穿插于展馆的主题学习探索区，形成相互融合、宜动宜静、独具特色的展示体系。

2. 厦门市图书馆集美分馆

2018 年 10 月 1 日，厦门市图书馆集美分馆面向公众开放，新馆建筑面积达 6 万平方米，设计馆藏图书总量 300 万册，一期开放区域阅览坐席3 000 个。闽南式屋顶、西洋式屋身，中西建筑文化交融的“嘉庚建筑”风格让人眼前一亮。在靓丽的“外表”下，新馆内部却走“科技风”，智能化的服务设施令人叹为观止。

3. 公共文化阵地网络建设

集美区加快公共文化阵地网络建设，使区、镇、村三级公共文化网络得到进一步完善。

此外，2006年以来，集美区以“广场文化”这一群众喜爱、大众参与、公众受益的活动形式为载体，深入开展群众文化活动，投资兴建了北区文化广场、杏林文体中心广场、凤泉广场、杏滨文化广场、杏美文化广场等文化广场，每年举办数百场次的群众性广场文化活动。广场文化活动已经成为集美区凝聚人心、整合资源、强化特色、率先发展的公共文化服务平台。

(四)侨乡品牌文化节

集美区注重扩大“文化节”的影响，丰富春节、元宵节、端午节、中秋节、重阳节等传统节日文化内涵，办好“嘉庚杯”“敬贤杯”海峡两岸龙舟赛、全国汽车场地越野赛等一系列在海内外有较大影响力的品牌活动。

集美区委区政府注重打造品牌赛事，赛事的成功举办，激发了群众参与的热情，弘扬了“嘉庚精神”，并成功将集美的华侨文化、闽南文化、学村文化、龙舟文化、汽车文化等打造成国家级大型文化体育品牌，提升了集美文化的品牌知名度。

集美依山傍海，集天下之美。作为海内外著名的侨乡，集美以其独特的人文面貌向世人彰显着她别致的魅力。集美区积极结合自身文化地理优势，制定区级发展规划，坚定贯彻实施“人文集美”发展战略，坚持以“一精神三文化”为战略核心，坚定巩固全国文化先进区创建成果，努力推动集美“文化强区”建设更上一层楼。

参考文献

[1]陈嘉庚．南侨回忆录[M]．长沙：岳麓书社，1998.

[2]陈嘉庚．南侨回忆录[M]．上海：上海三联书店，2014.

[3]陈嘉庚，文明国．二十世纪名人自述系列：陈嘉庚自述[M]．合肥：安徽文艺出版社，2013.

[4]陈嘉庚．新中国观感集[M]．新加坡怡和轩俱乐部、新加坡陈嘉庚基金、中国厦门集美陈嘉庚研究会，2004.

[5]陈嘉庚．陈嘉庚言论集[M]．新加坡怡和轩俱乐部、新加坡陈嘉庚基金、中国厦门集美陈嘉庚研究会，2004.

[6]王增炳，陈毅明，林鹤龄．陈嘉庚教育文集[M]．福州：福建教育出版社，1989.

[7]陈厥祥．集美志[M]．香港：侨光印务有限公司，1963.

[8]张文蔚．华人社会与东南亚诸国之政治发展[M]．台北：台湾商务印书馆，1972.

[9]林远辉，张应龙．新加坡马来西亚华侨史[M]．广州：广东高等教育出版社，2016.

[10]任贵祥．孙中山与华侨[M]．哈尔滨：黑龙江人民出版社，1998.

[11]中国人民政治协商会议全国委员会文史资料研究委员会，中华全国归国华侨联合会．回忆陈嘉庚[M]．北京：中国文史出版社，2013.

[12]厦门市集美区地方志编纂委员会．厦门市集美区志[M]．北京：中华书局，2013.

[13]黄警顽．华侨对祖国的贡献[M]．上海：棠棣出版社，1940.

[14]吴凤斌. 东南亚华侨通史[M]. 福州：福建人民出版社，1994.
[15]陈碧笙. 南洋华侨史[M]. 南昌：江西人民出版社，1989.
[16]中国地方志集成福建府县志辑·民国同安县志[M]. 上海：上海书店出版社，2000.
[17]郭瑞明，蒋才培. 同安华侨志[M]. 厦门：鹭江出版社，1995.
[18]陈衍德，卞凤奎. 闽南海外移民与华侨华人[M]. 福州：福建人民出版社，2007.
[19]洪卜仁. 闽南小刀会起义史料选编[M]. 厦门：鹭江出版社，1994.
[20]蒋永敬. 华侨开国革命史料[M]. 台北：正中书局，1977.
[21]华侨革命史编纂委员会. 华侨革命史[M]. 台北：正中书局，1981.
[22]曾瑞炎. 华侨与抗日战争[M]. 成都：四川大学出版社，1988.
[23]林少川. 陈嘉庚与南侨机工[M]. 北京：中国华侨出版社，1994.
[24]任贵祥. 华侨与中国民族民主革命[M]. 北京：中央编译出版社，2006.
[25]南洋华侨筹赈祖国难民总会. 南侨正论集[M]. 新加坡：新南洋出版社，1948.
[26]傅子玖. 陈嘉庚传[M]. 石家庄：花山文艺出版社，1999.
[27]陈碧笙，杨国桢. 陈嘉庚传[M]. 福州：福建人民出版社，1981.
[28]夏蒙. 第一公民：陈嘉庚传[M]. 北京：中国友谊出版公司，2013.
[29]李昌彧，肖育发. 陈嘉庚精神[M]. 北京：中国人民大学出版社，2017.

[30]林畅．传奇陈嘉庚[M]．北京：新世界出版社，2014.
[31]王增炳，余纲．陈嘉庚兴学记[M]．福州：福建教育出版社，1981.
[32]孙桂平，孙吉龙．孙炳炎评传[M]．厦门：厦门大学出版社，2018.
[33]陈毅明．独木成林——孙炳炎和他生活的年代[M]．北京：中国工人出版社，1992.
[34]郑炳山．李光前传[M]．北京：中国华侨出版社，1997.
[35]任镜波．纪念李尚大[M]．厦门：厦门大学出版社，2009.
[36]任镜波．百年树人[M]．厦门：厦门大学出版社，2013.
[37]常跃中，周红．嘉庚建筑[M]．北京：光明日报出版社，2010.
[38]庄景辉，贺春旎．集美学校嘉庚建筑[M]．北京：文物出版社，2013.
[39]黄少萍．闽南文化研究[M]．北京：中央文献出版社，2003.
[40]林德时．嘉庚精神及厦门发展[M]．厦门：厦门大学出版社，2010.
[41]林华东．历史、现实与未来：闽南文化的传承创新研究[M]．厦门：厦门大学出版社，2011.
[42]陈燕玲．闽南文化概要[M]．厦门：厦门大学出版社，2018.
[43]林华东．闽南文化：闽南族群的精神家园[M]．厦门：厦门大学出版社，2013.
[44]厦门市集美区地方志办公室．集美年鉴2017[M]．北京：方志出版社，2017.
[45]郑高葳．集美[M]．北京：中央文献出版社，2005.
[46]李天锡，李仁生．李光前的企业经营管理方式及其成功背景[J]．华侨大学学报(哲学社会科学版)，1991(1).

[47]费卓绍．陈嘉庚的企业经营哲学观[J]．公关世界，2004(6)．
[48]林孝胜．陈六使的家族企业剖析——新加坡华人家族企业个案研究[J]．华侨华人历史研究，1990(2)．
[49]童家洲．试论“五缘”文化及其与海外华侨华人社会[J]．华侨华人历史研究，1997(1)．

后　记

2018年春末夏初，我们接受《集美侨乡文化》一书的编写任务后，成立了由文学院老师、研究生组成的课题组。大家在课题总负责人戴嘉树老师的领导下，带着高涨的热情和严谨的态度投入调研。虽然这一课题涉及内容多、持续时间长，田野调查与文献资料查找都存在诸多困难，但是各位成员以"嘉庚精神"激励自己，整个暑假顶着烈日酷暑四处奔波考察，走访相关部门，去各大图书馆、博物馆、纪念馆查阅文献资料，亲自拍摄了大量图片。课题组多次召开讨论会，交流思想观点，这不仅加深了成员对课题的理解，也使课题组成员感情得到升华，进一步认识到本书写作的重要意义。

参与资料收集、文献整理和书稿编写的成员有张瑷、张琼方、罗佳艺、谢江灿、杨钰璇、詹琳馨、刘曼钰。张瑷拟定书稿的篇章结构，提出编写方案，对课题成员进行分工和指导；初稿完成后，对全书进行了内容增删、调整和修改。

由于一些客观因素，调研工作的深度和广度都未达到预期目标。特别是由于作者思想认识与写作水平有限，本书存在许多缺憾，诚恳希望广大读者提出批评意见。

衷心感谢集美区委宣传部对"集美历史文化丛书"的策划与指导，感谢集美区侨联、集美区文联、集美校友会、集美大学陈嘉庚研究会、厦门市博物馆、陈嘉庚纪念馆等单位和负责人的鼎力支持与协助。

张瑷

2024年11月10日